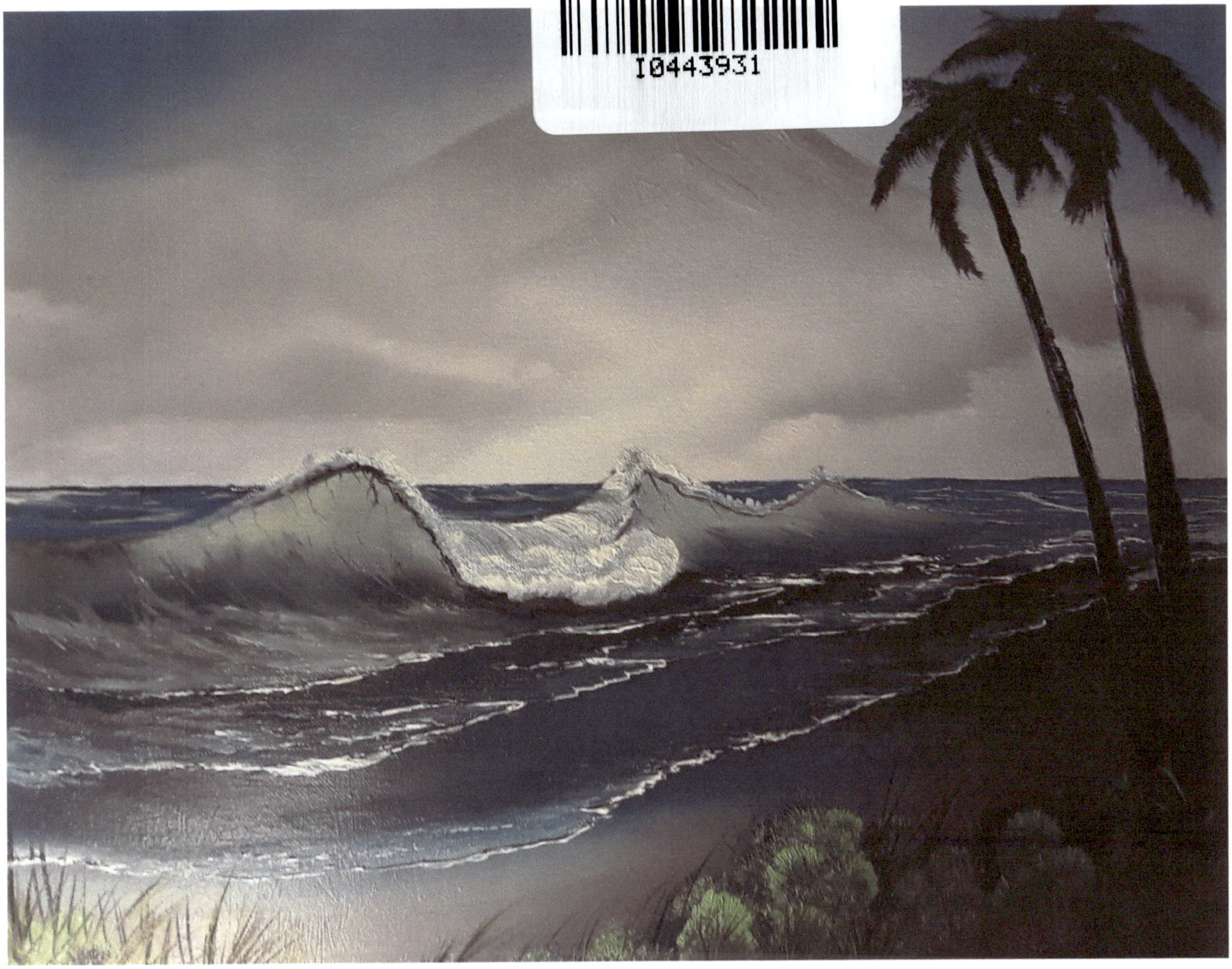

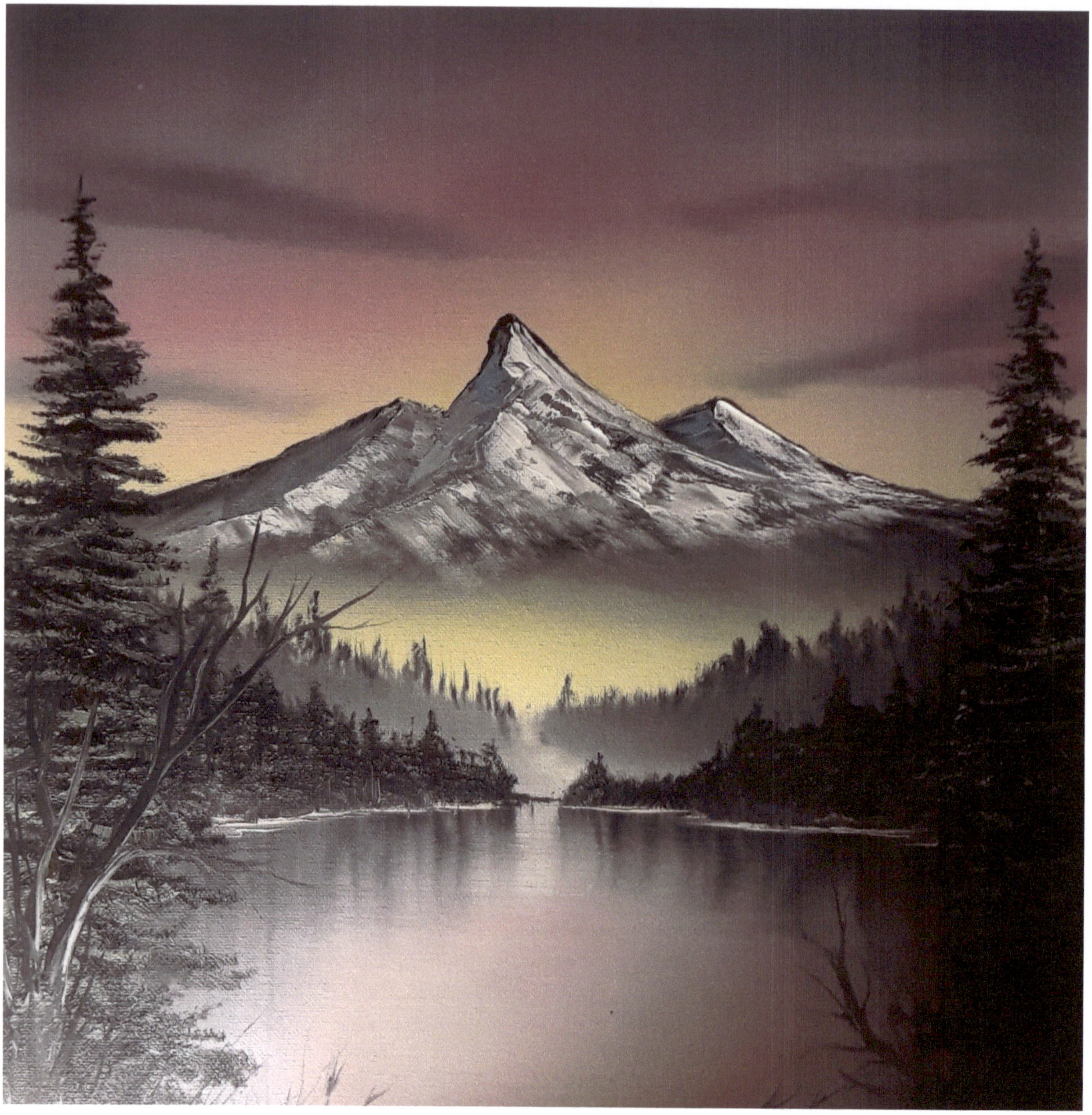

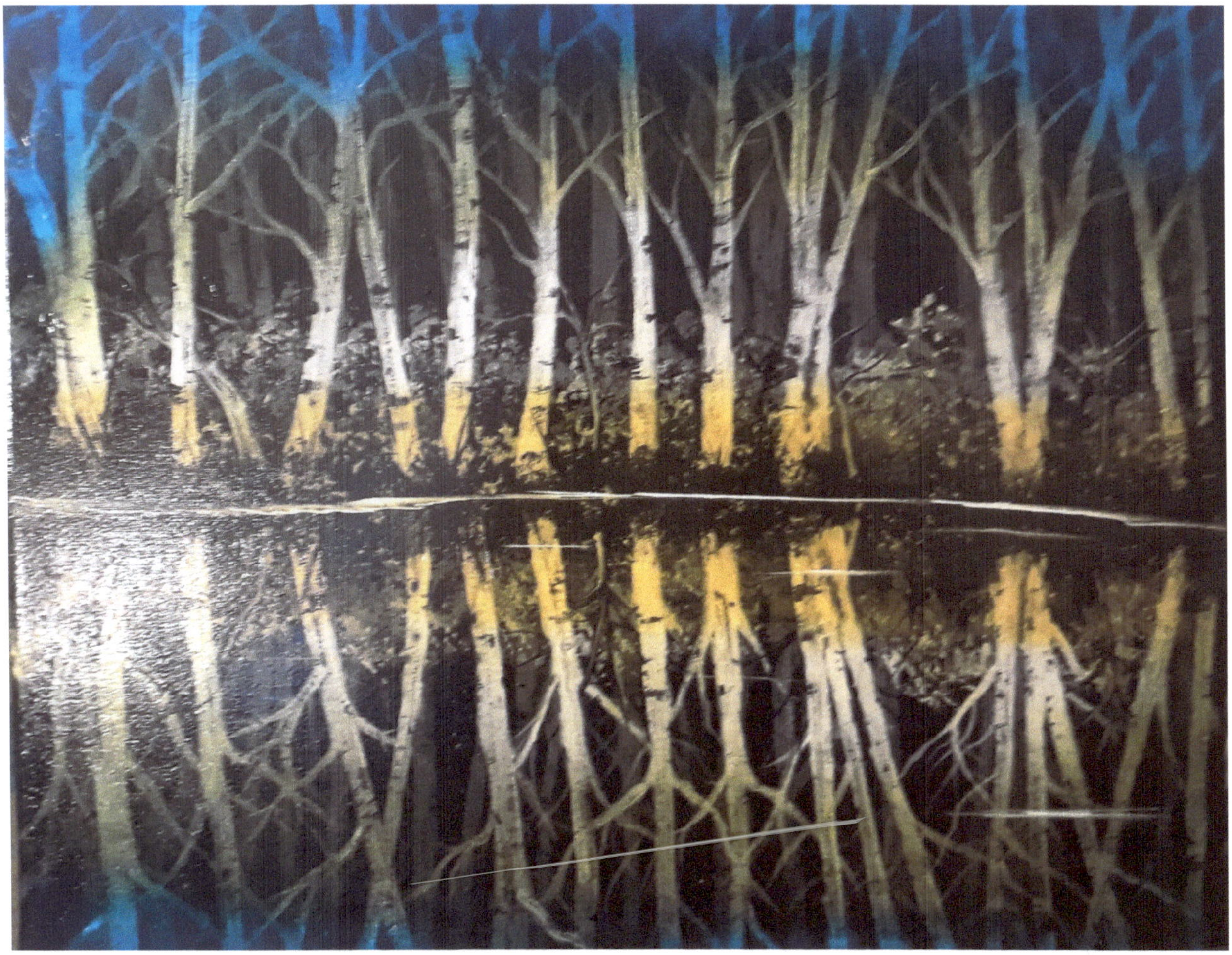

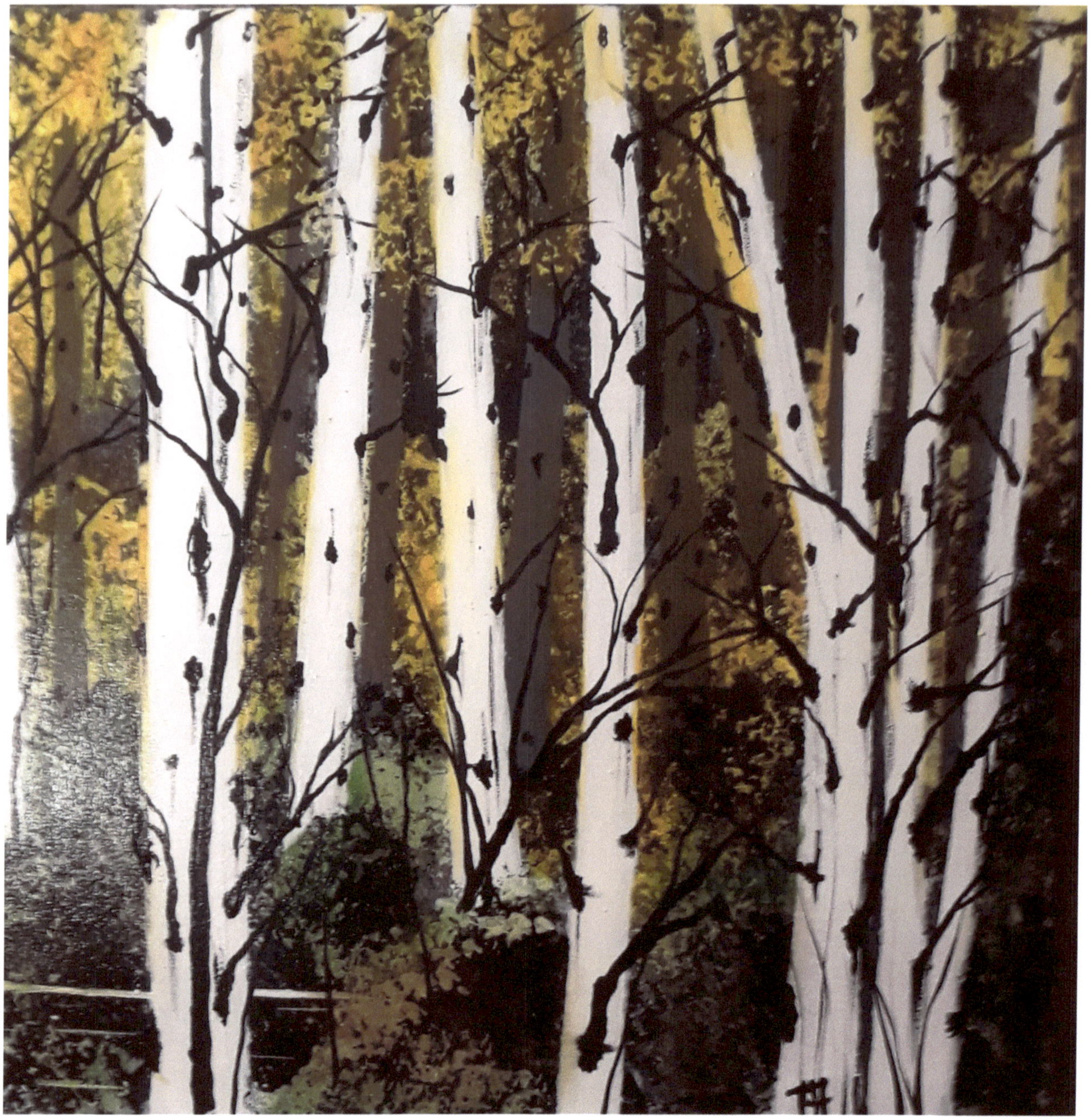

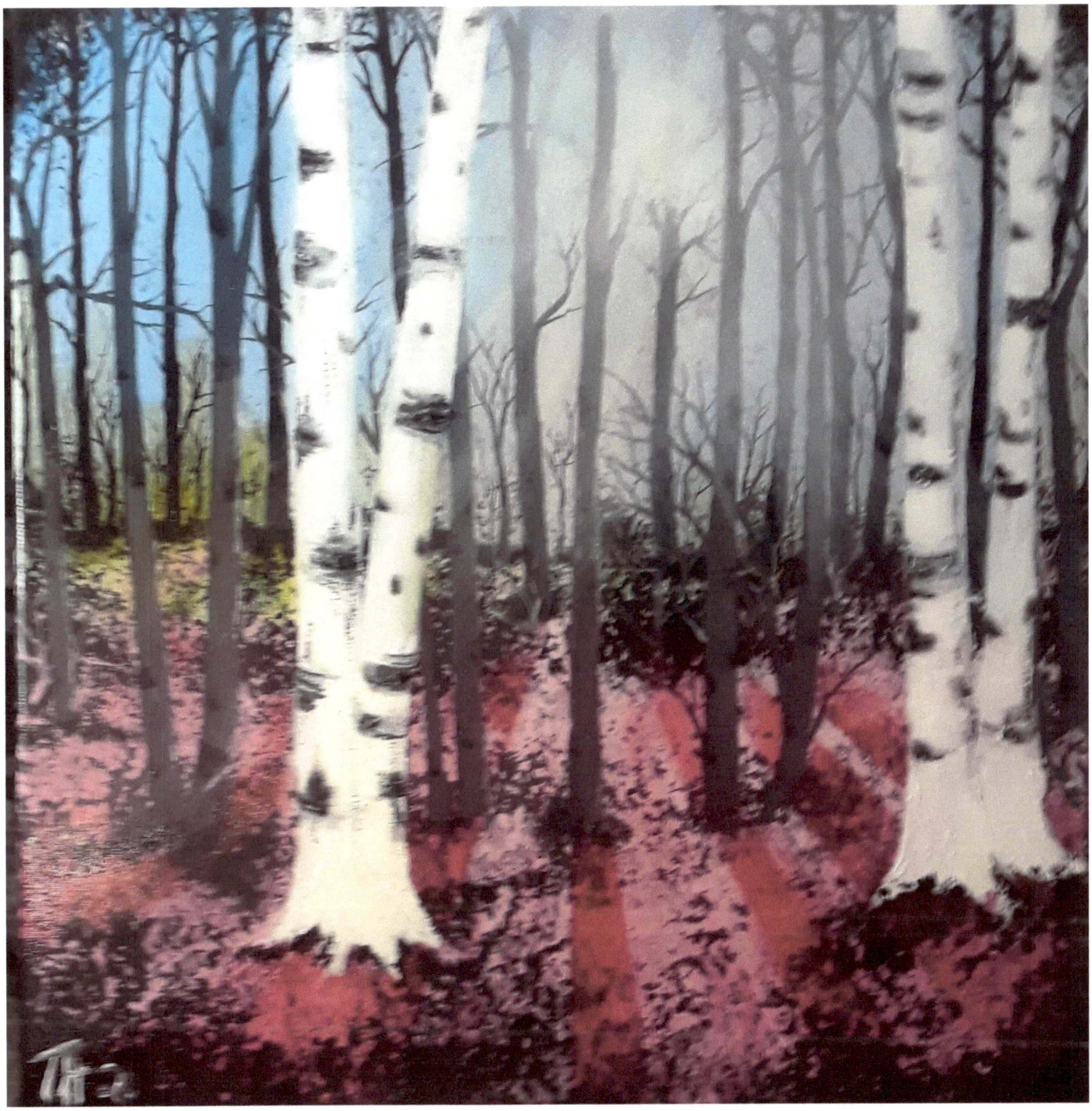

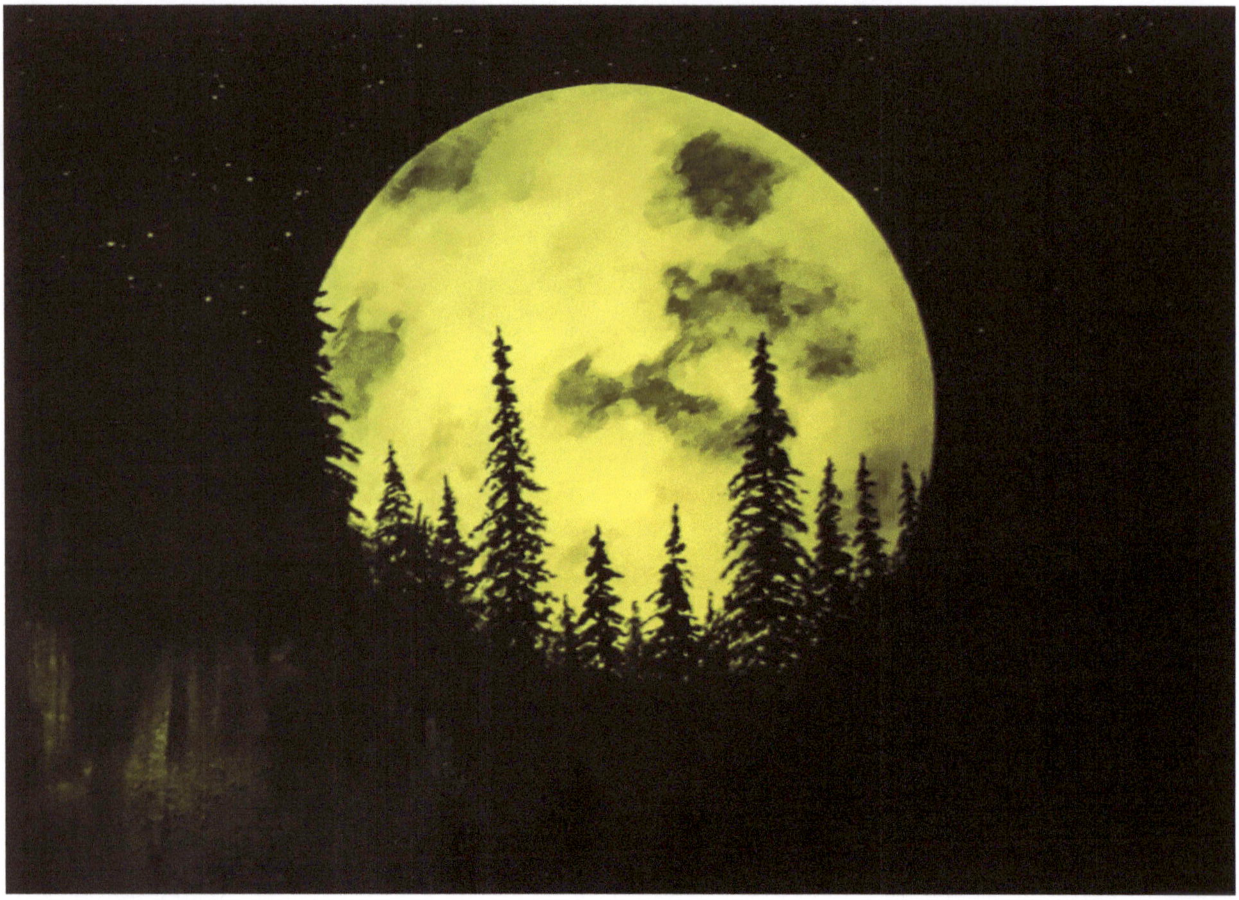

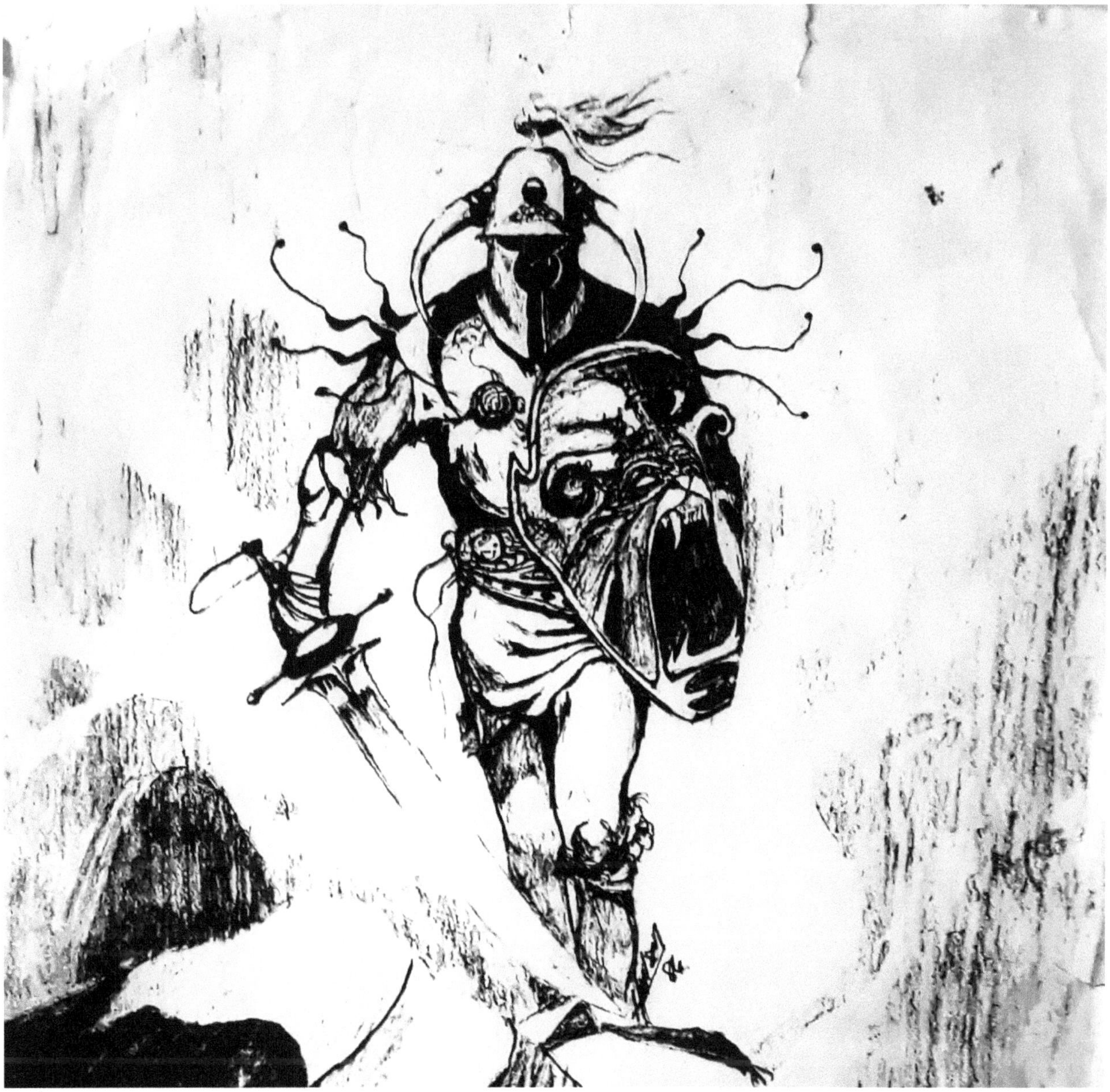

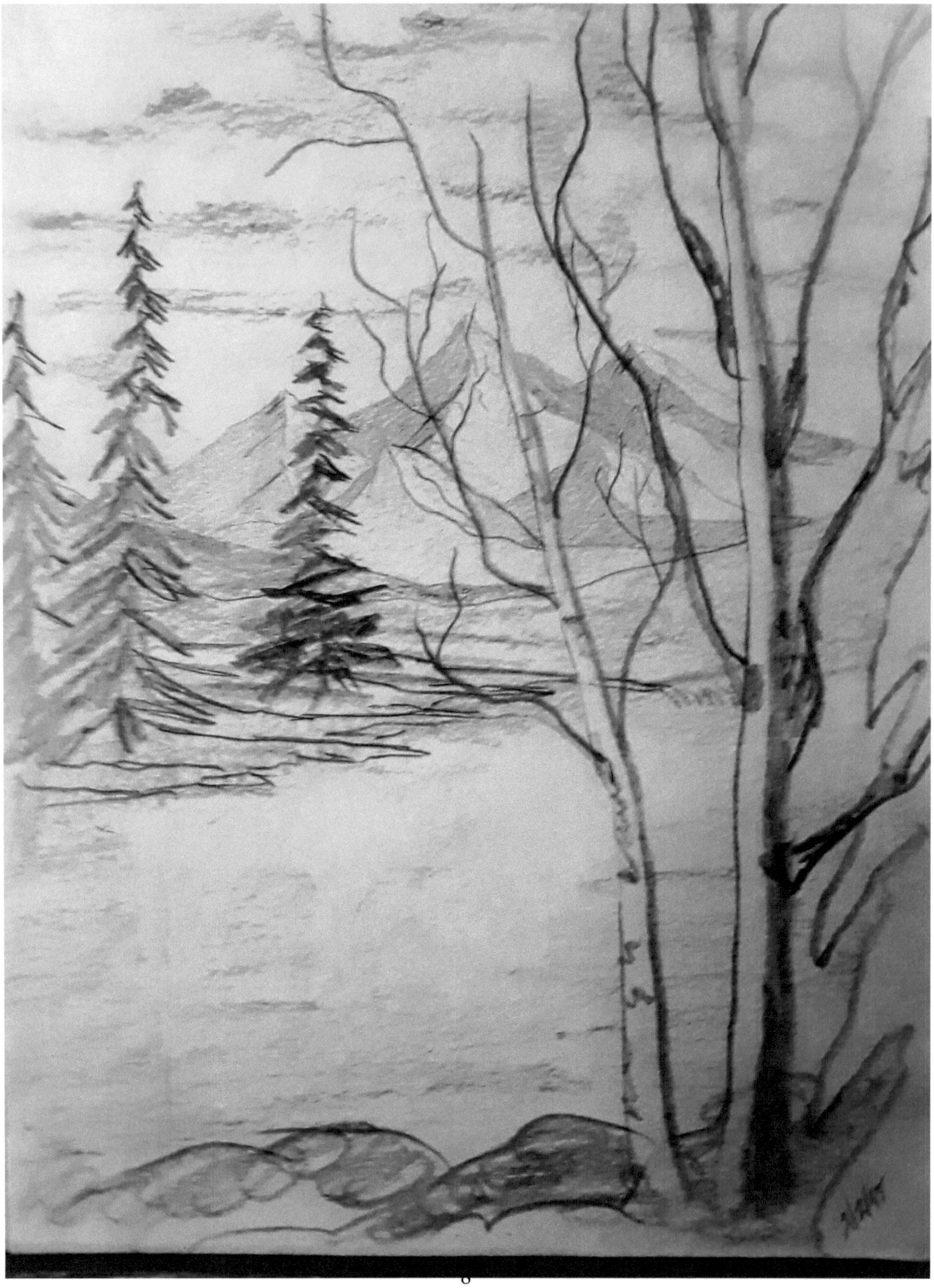

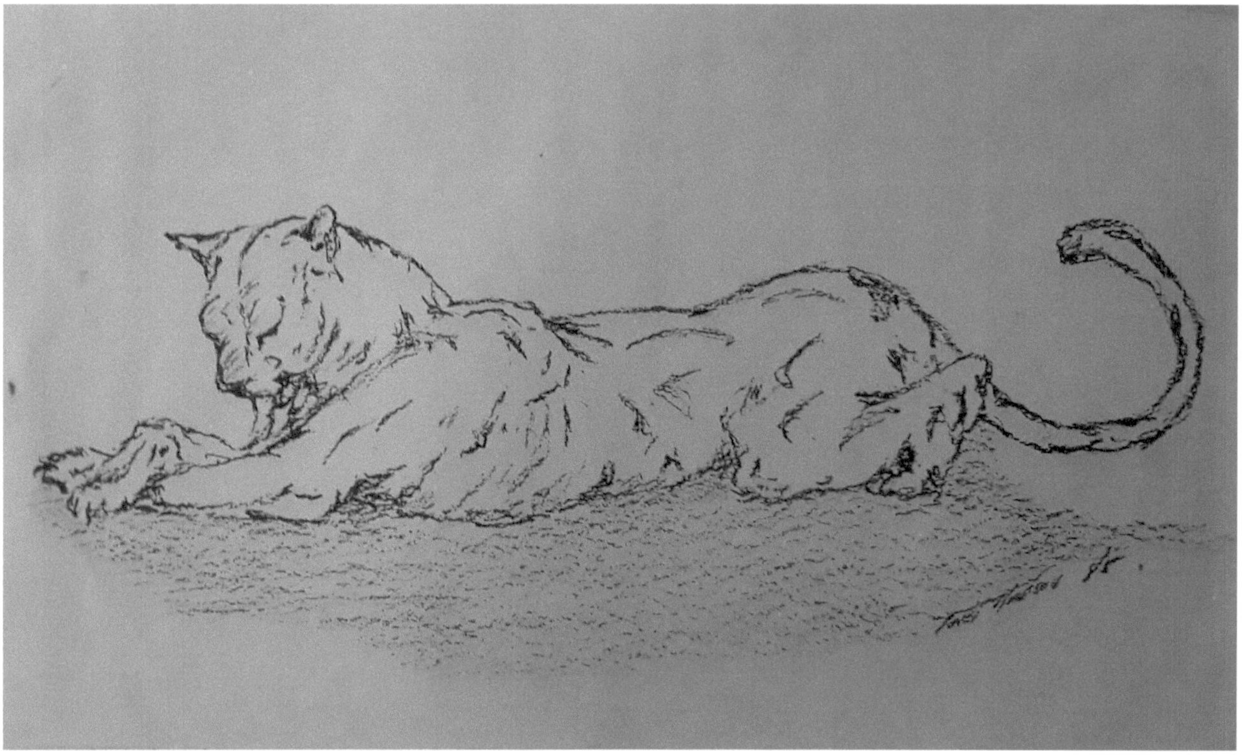

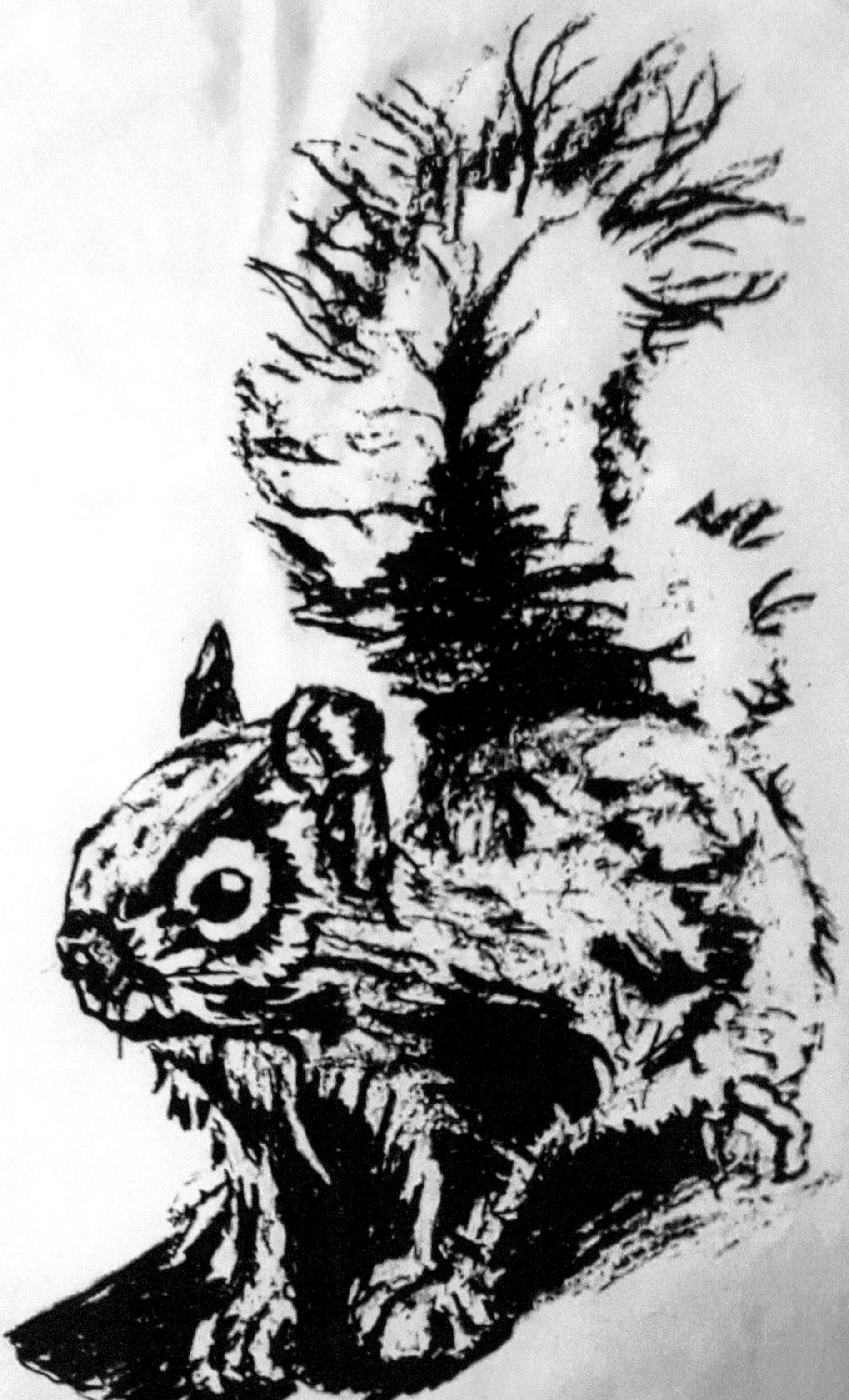

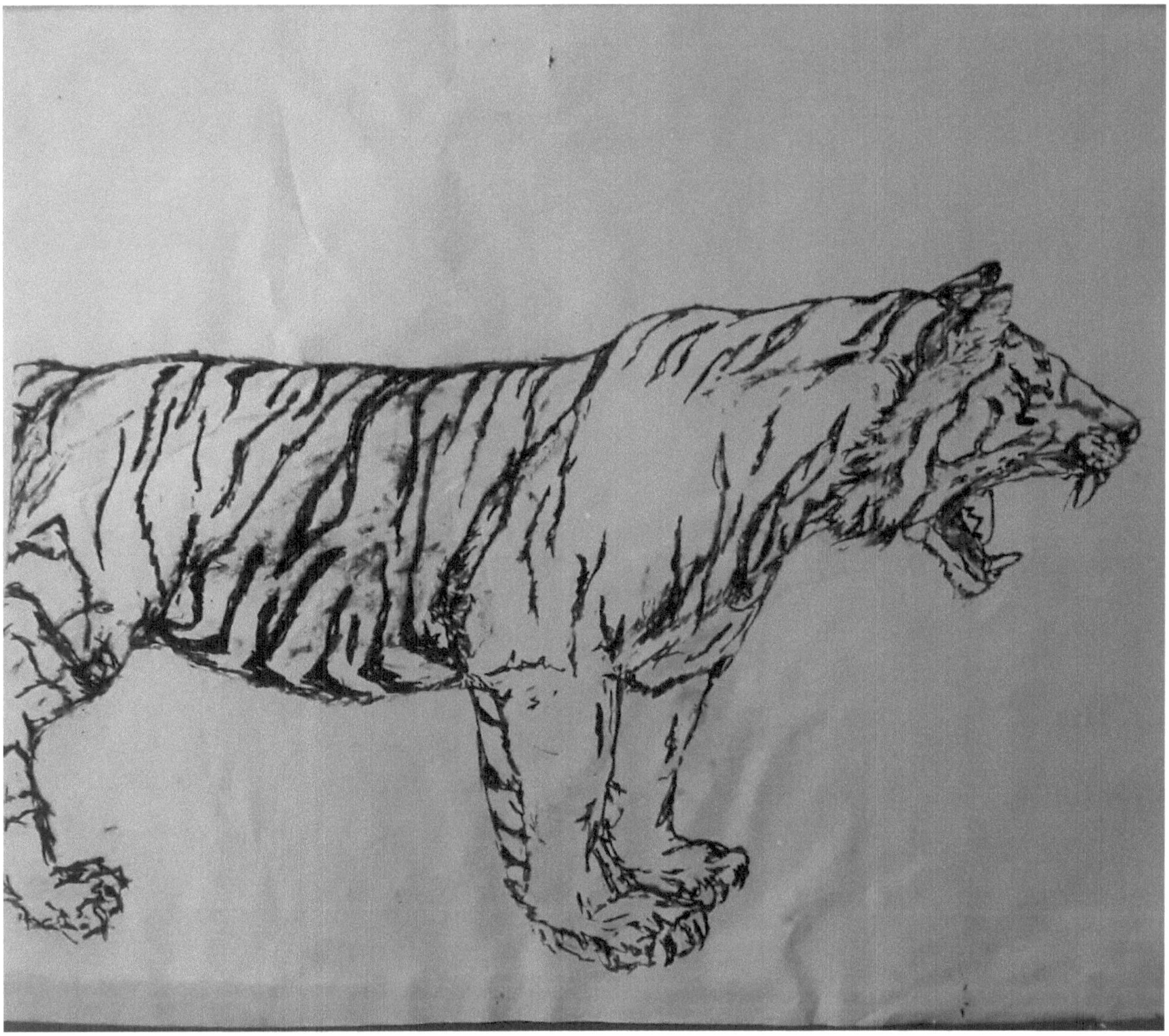

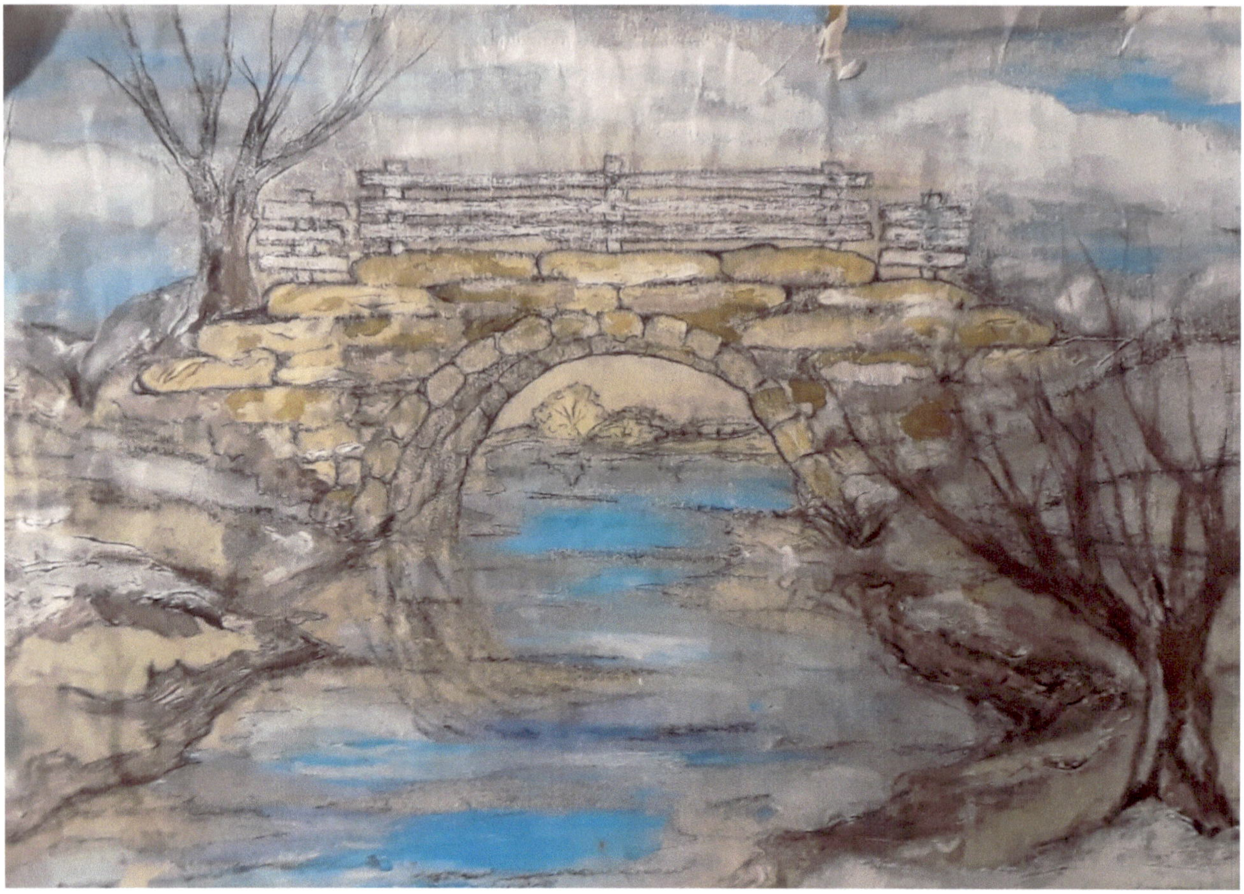

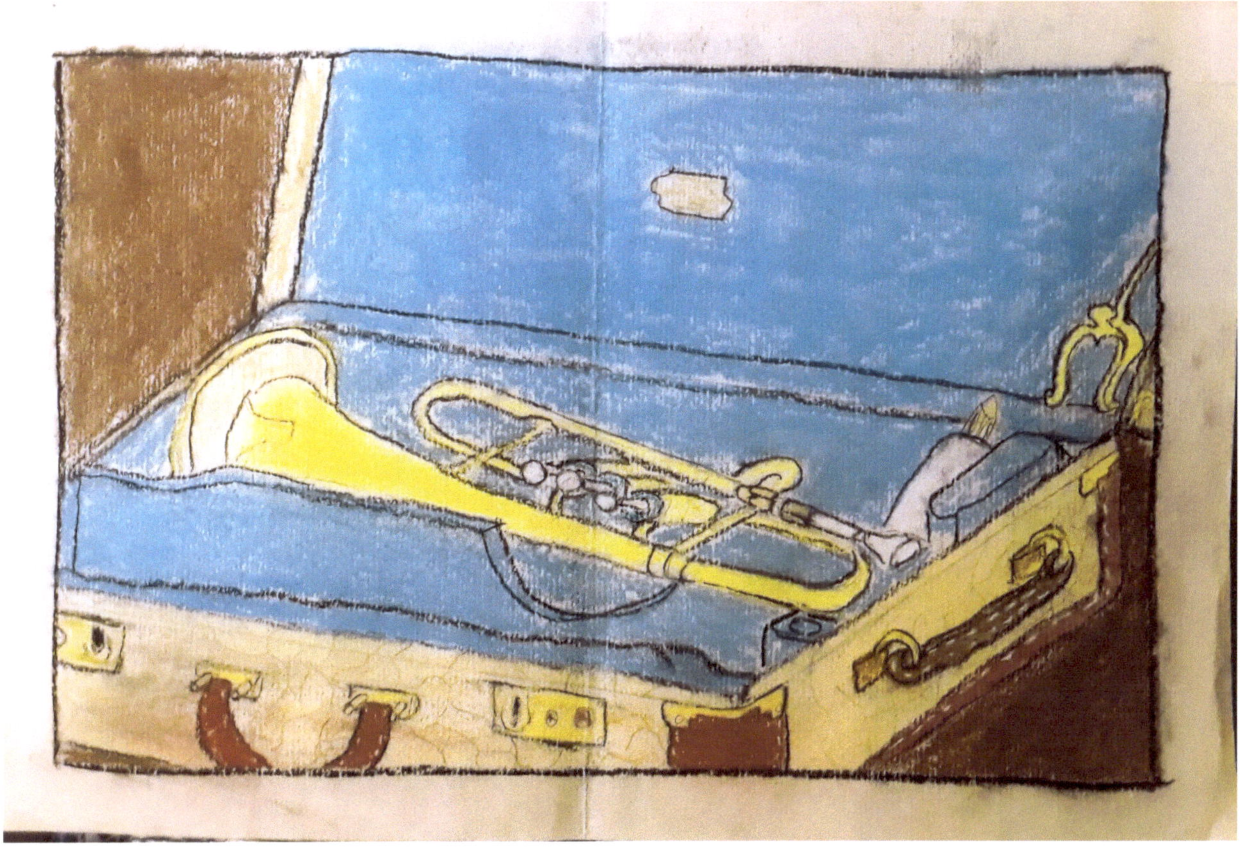

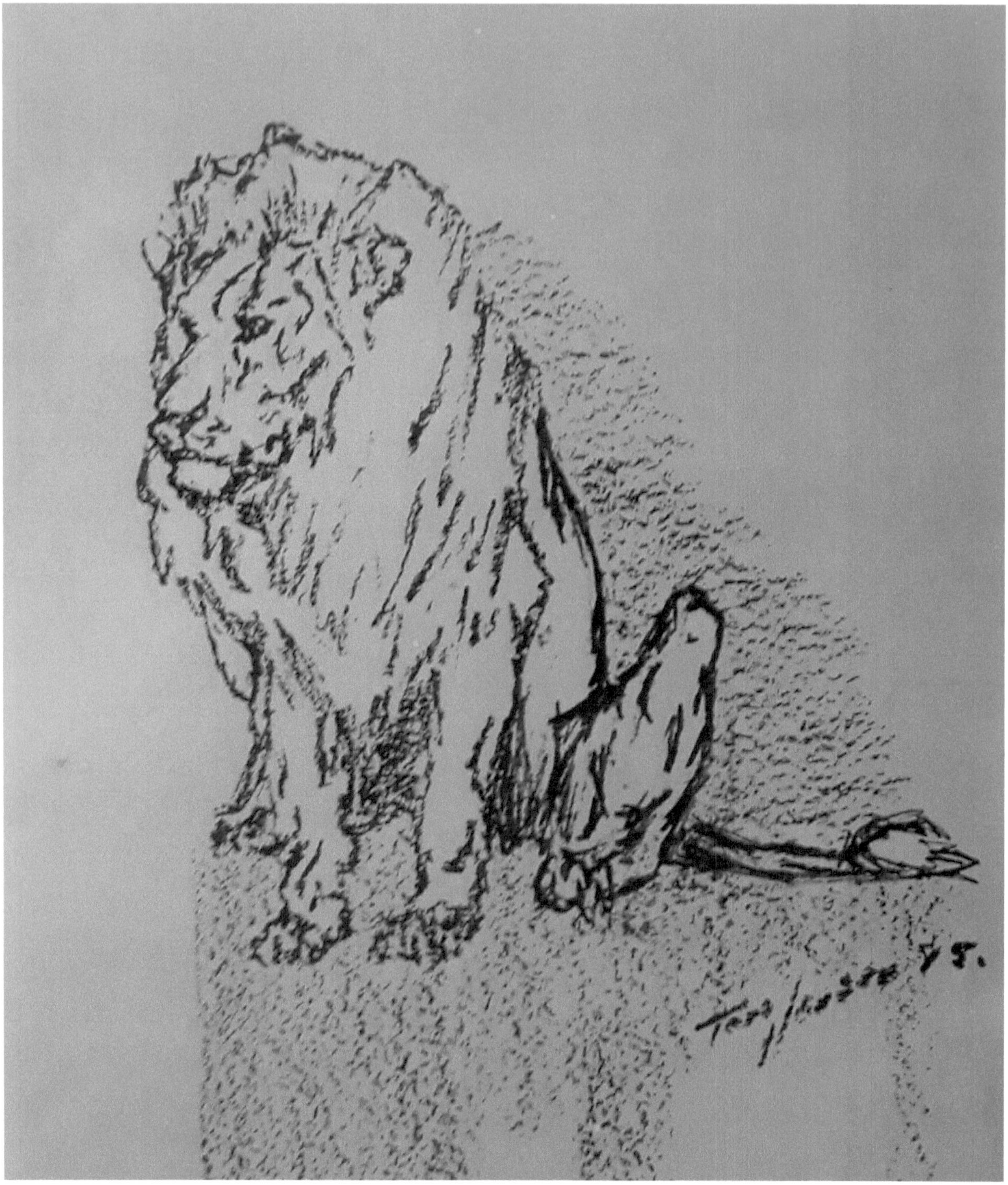

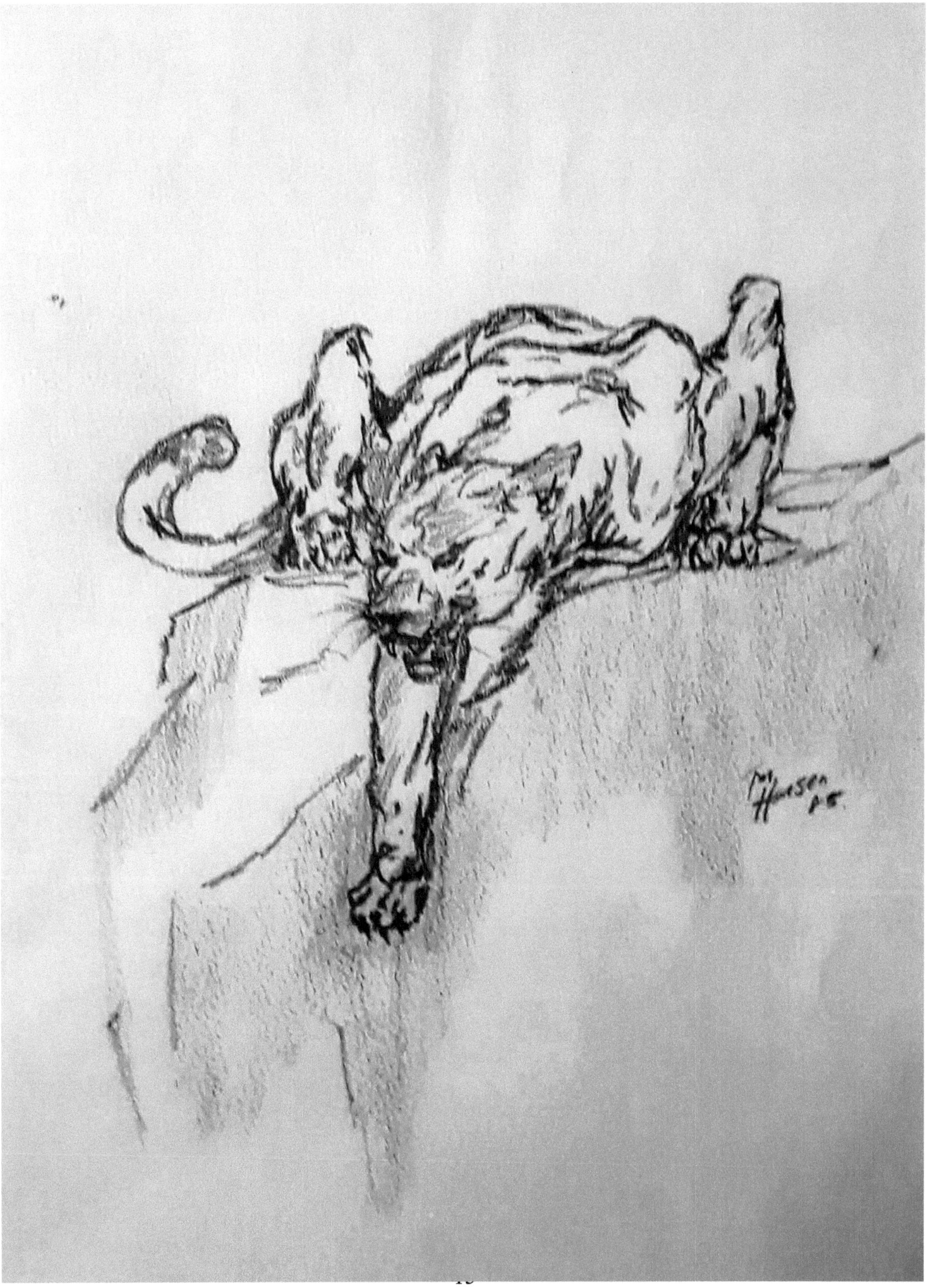

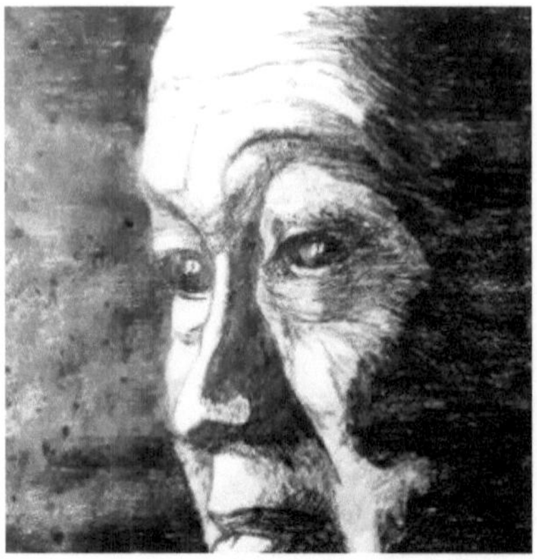
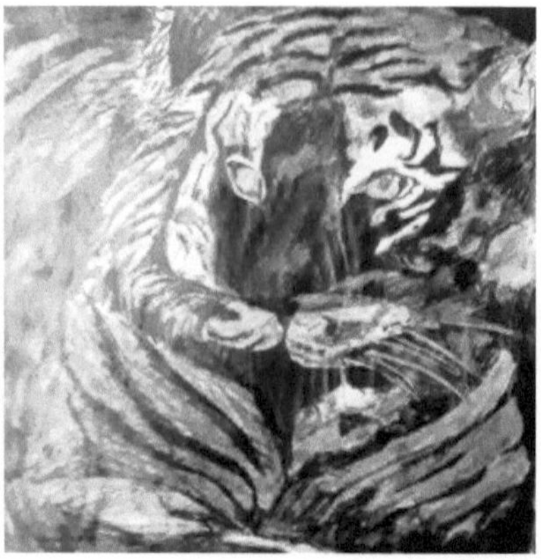
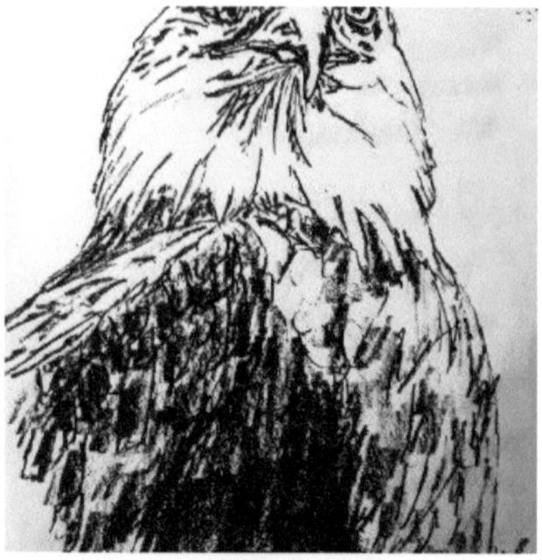
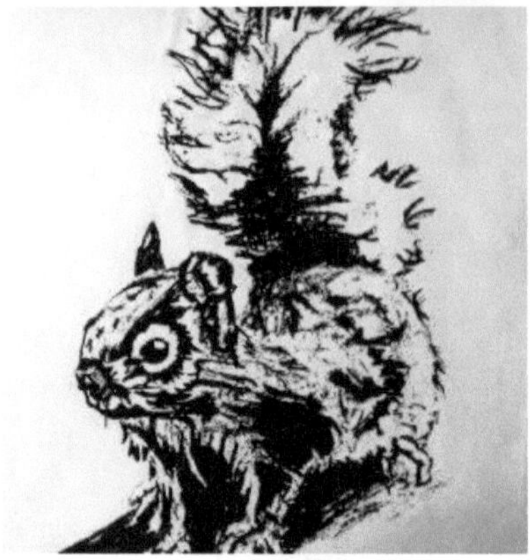
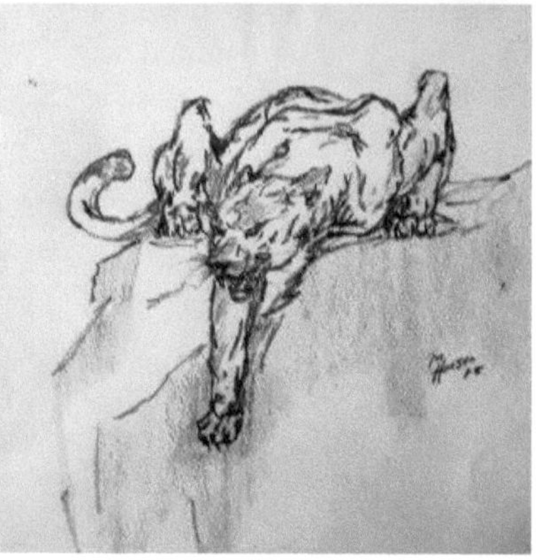
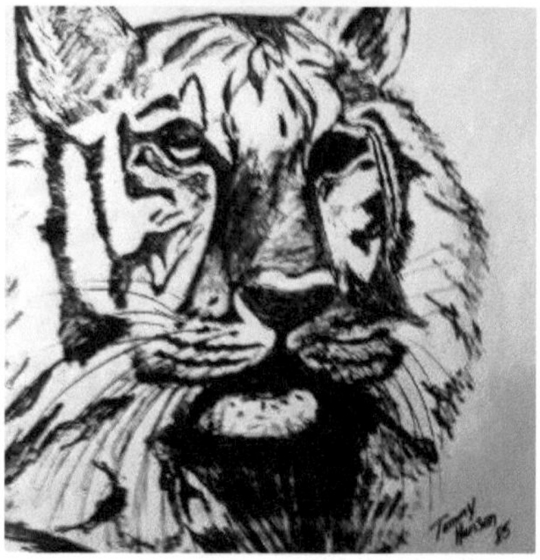
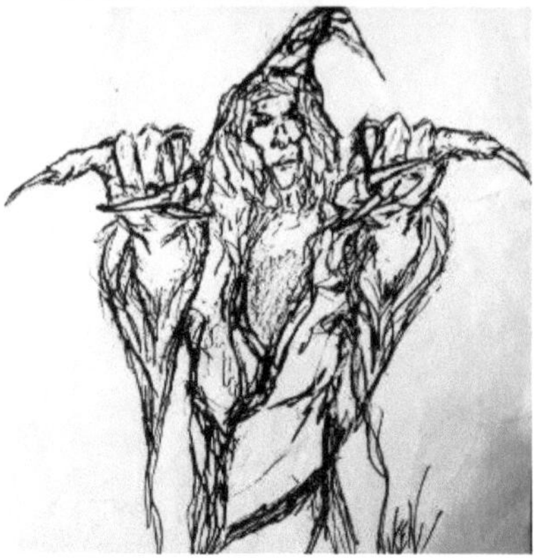
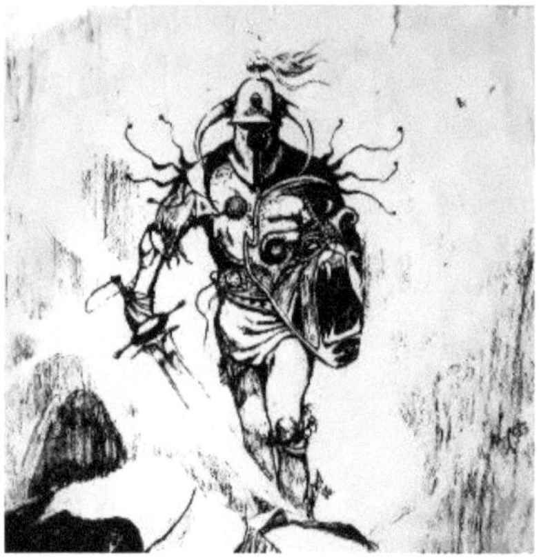
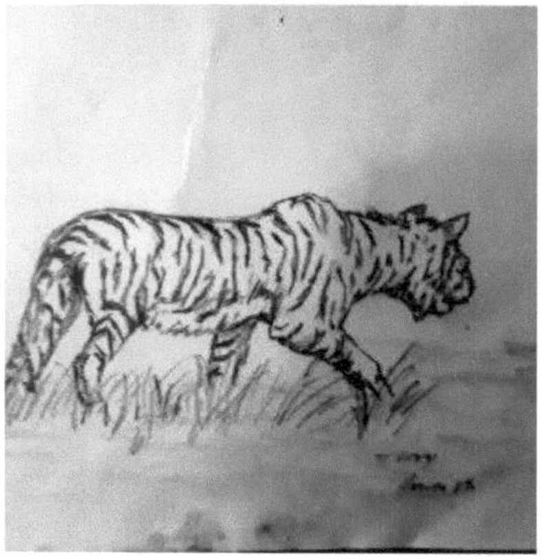

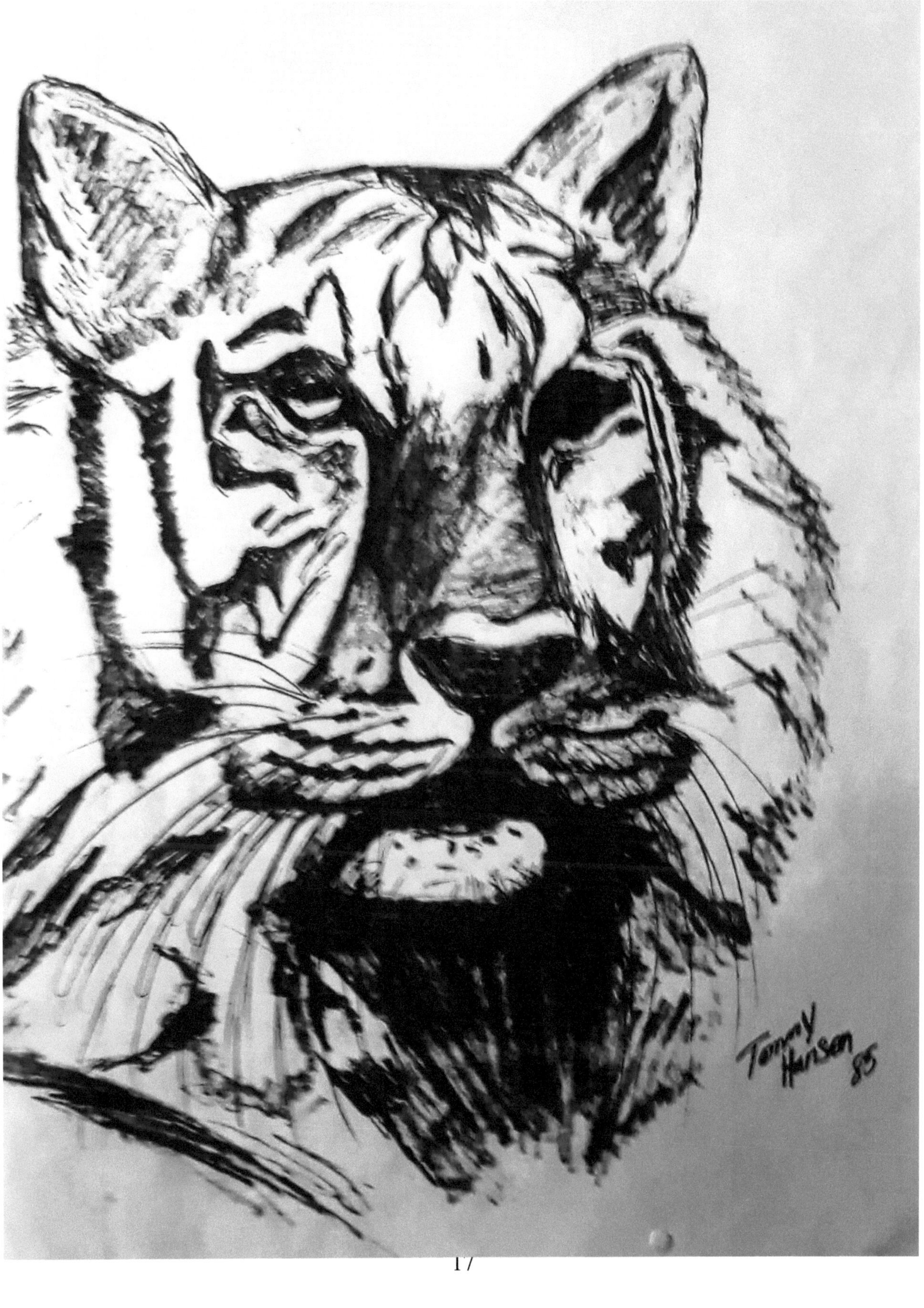
Tammy
Hansen
85

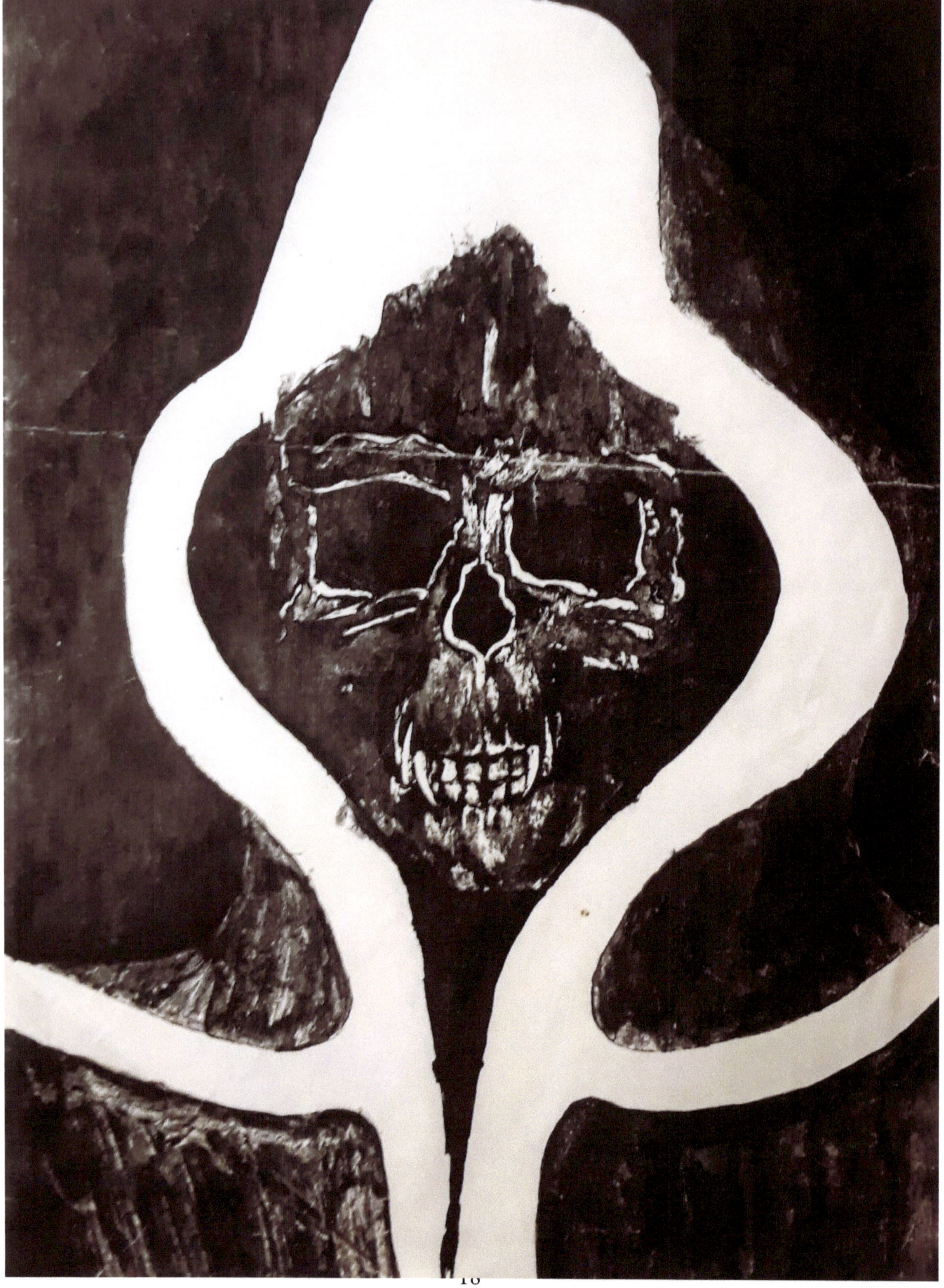

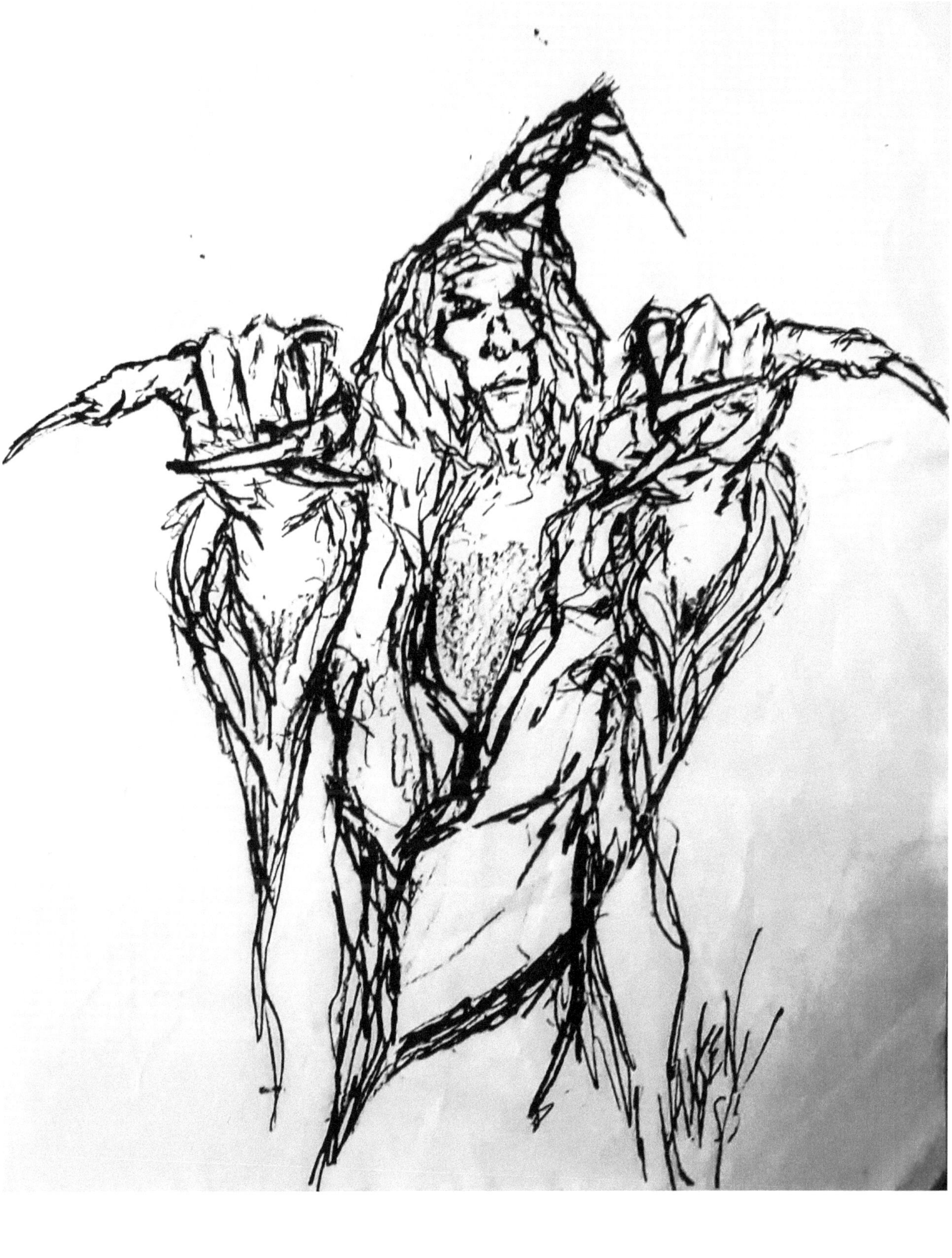

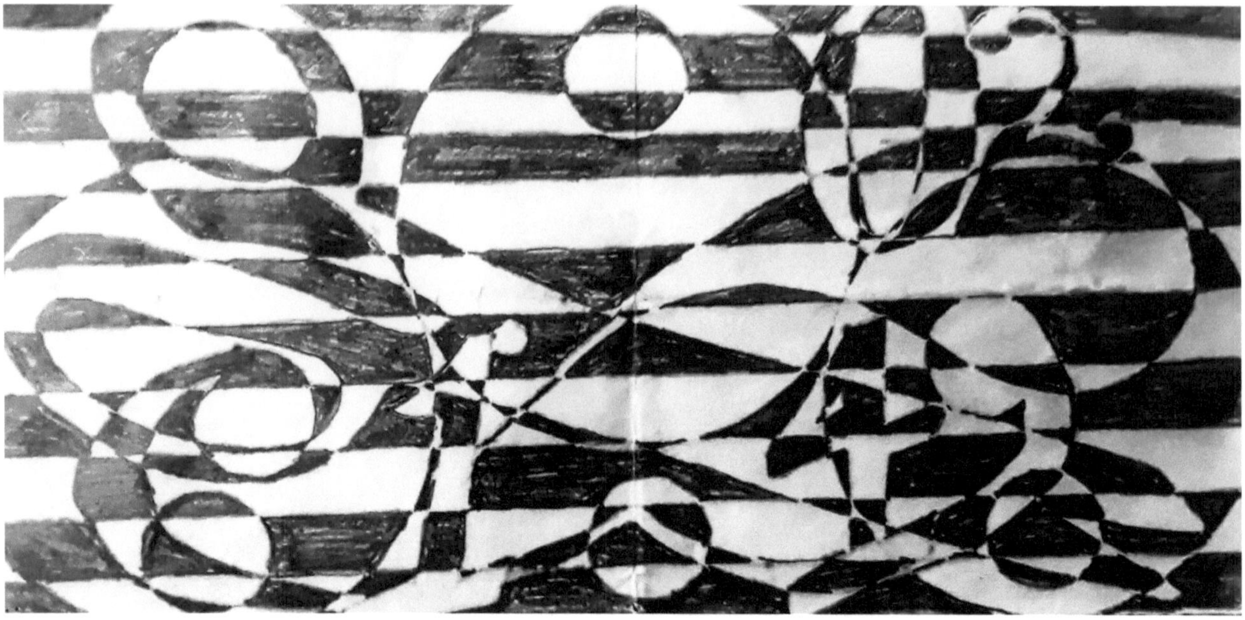

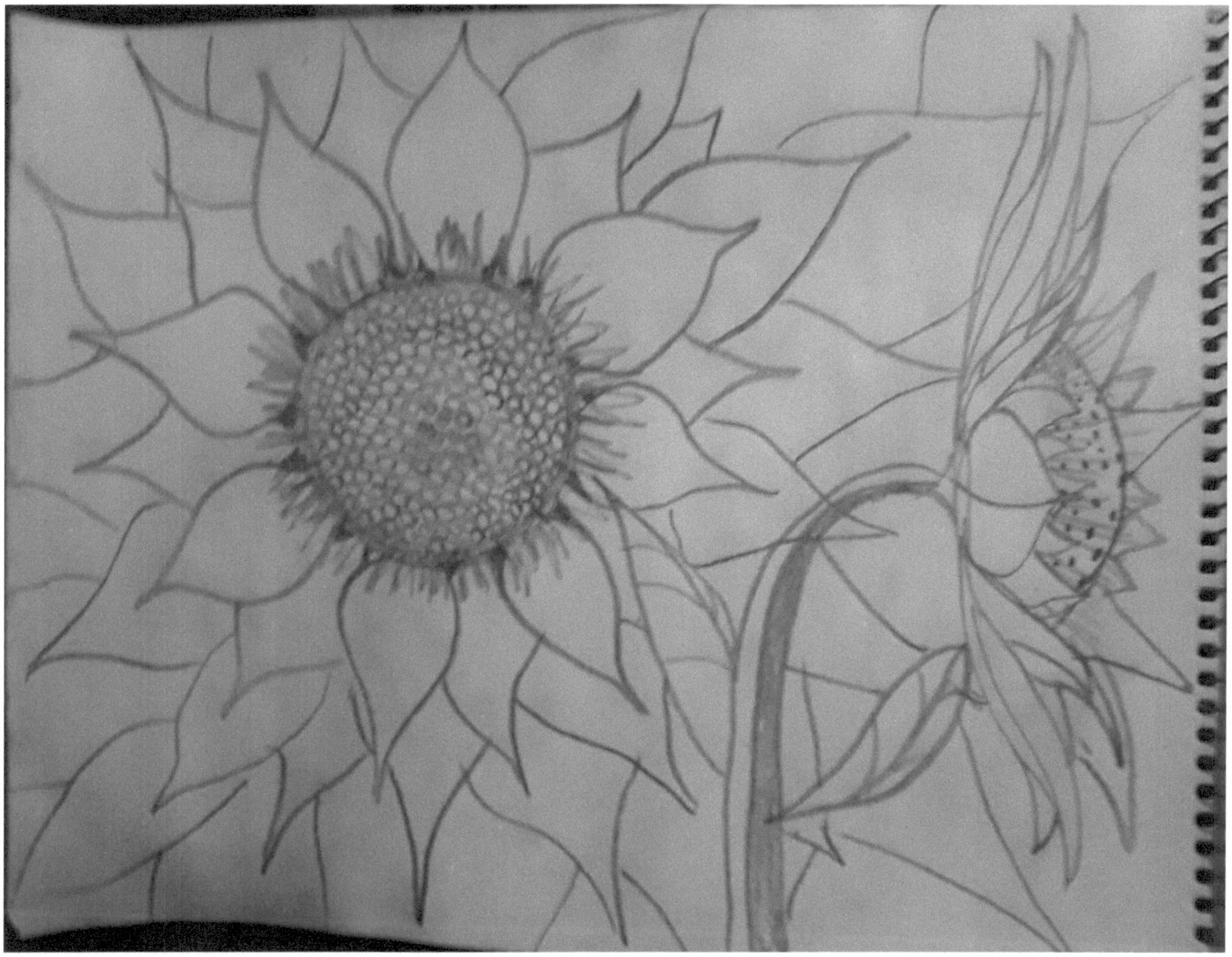

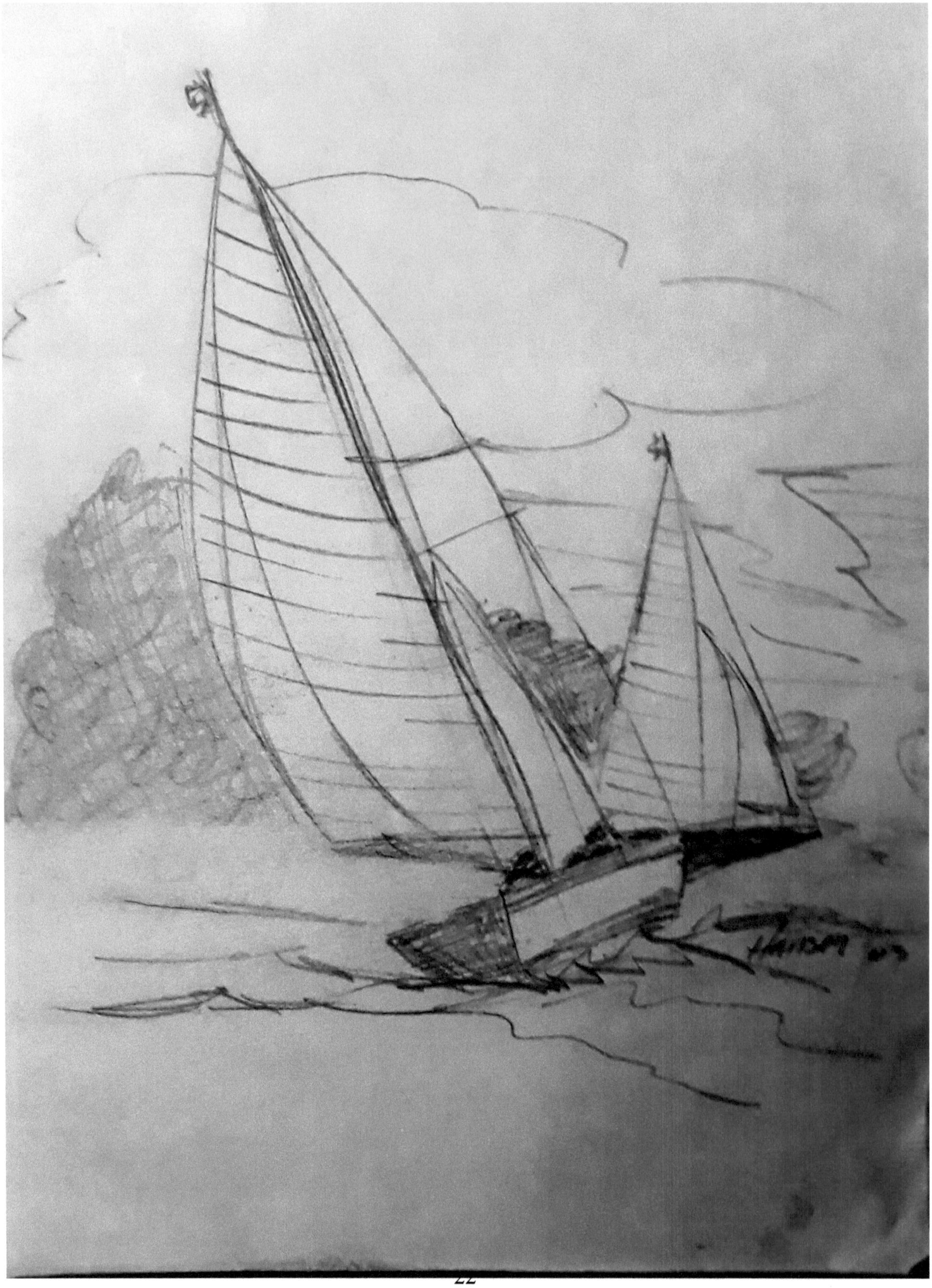

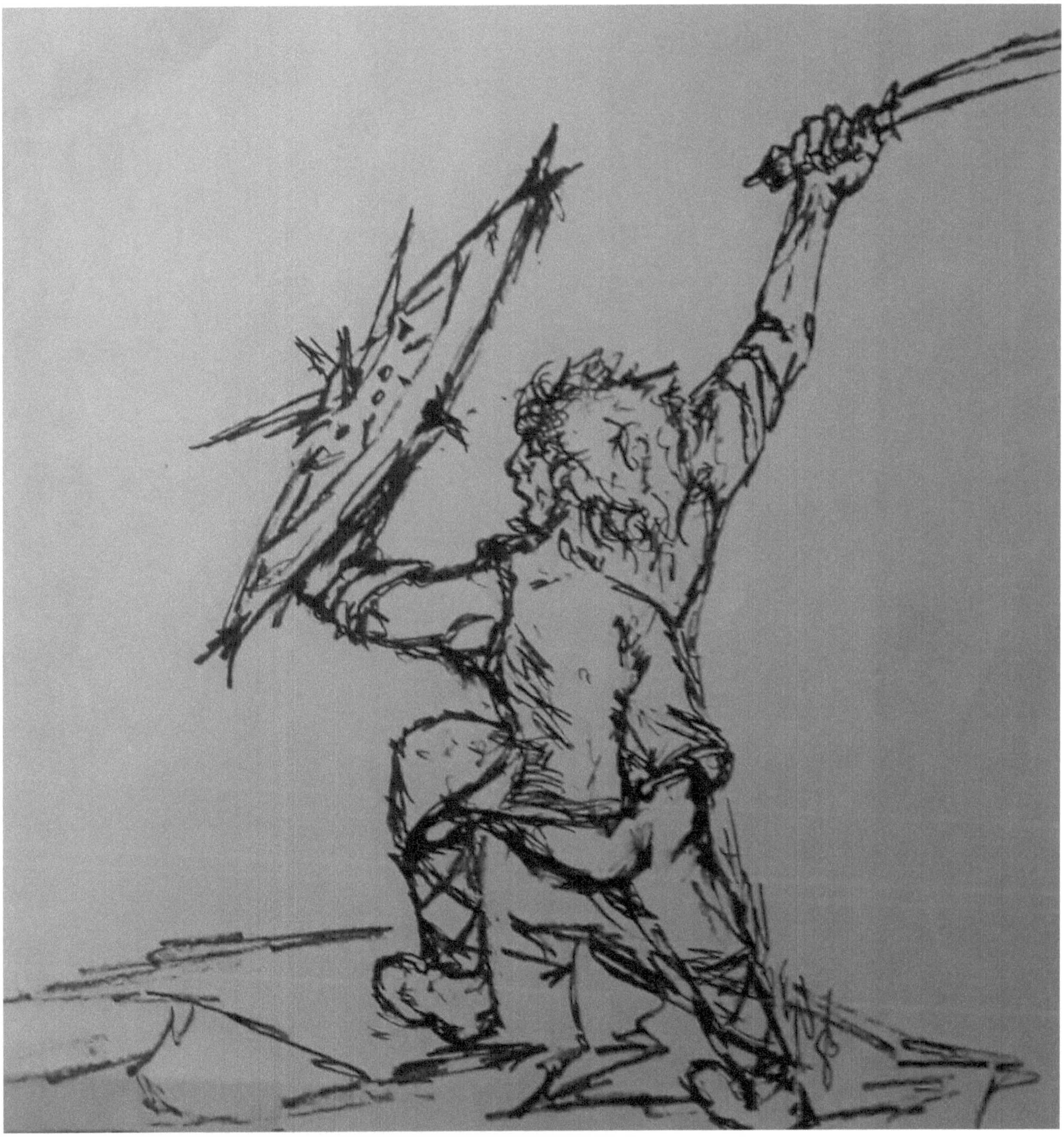

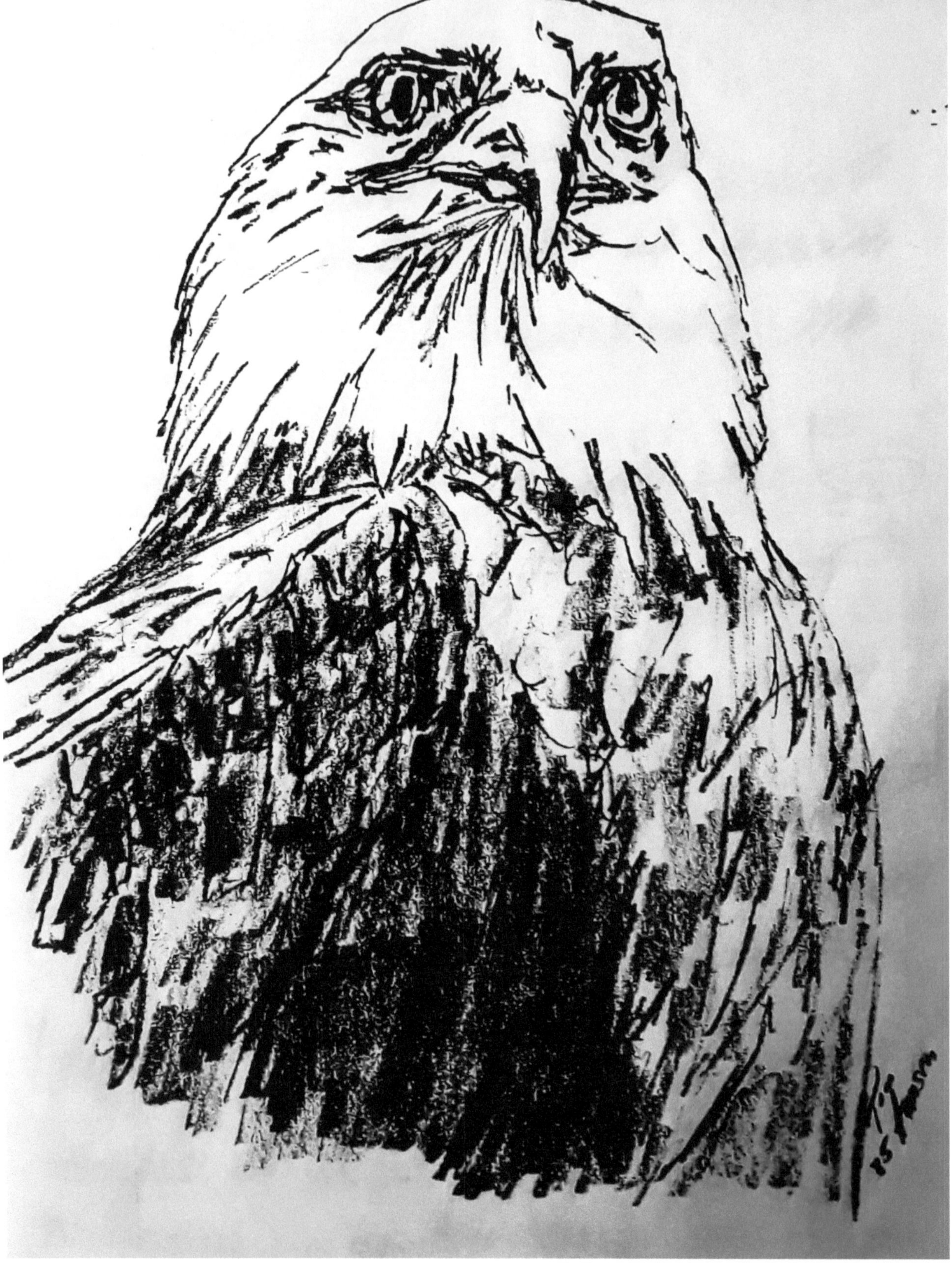

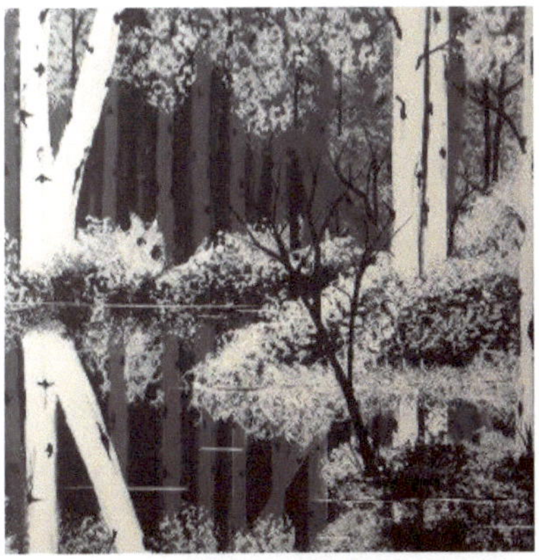
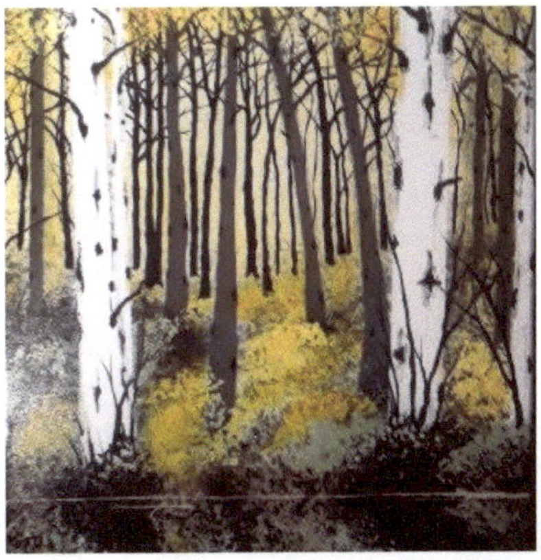
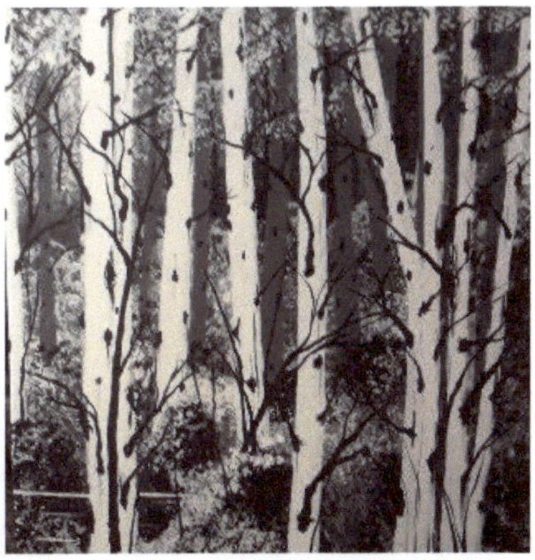
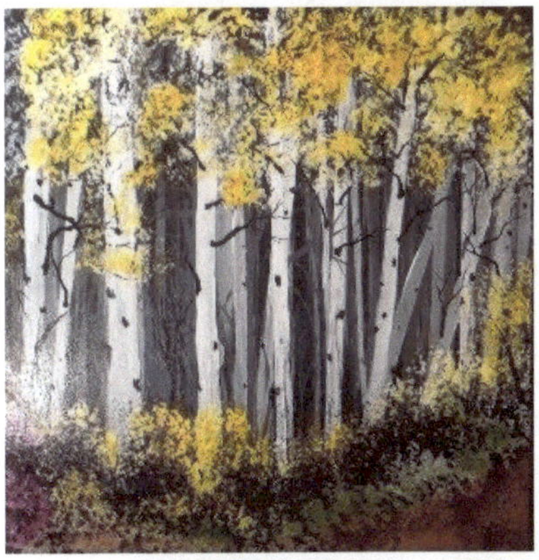
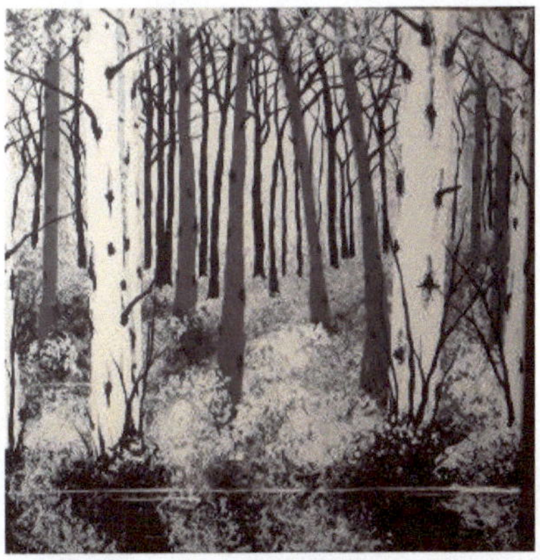
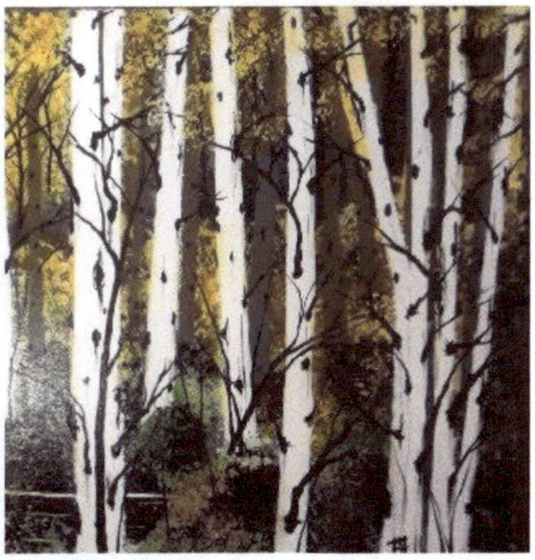
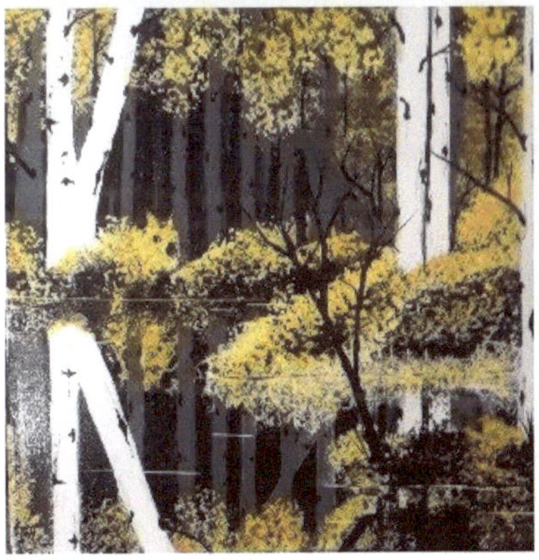
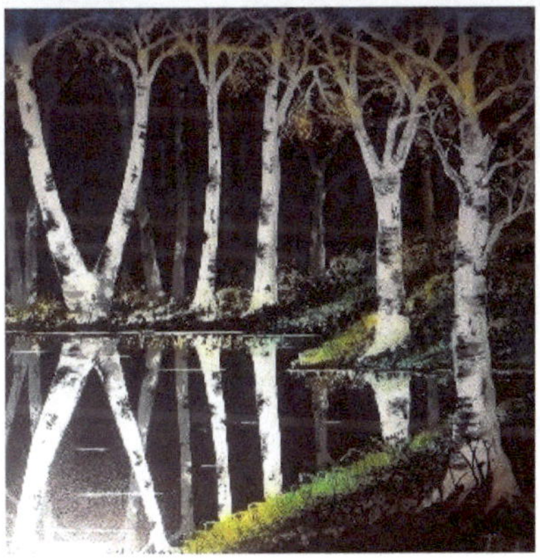
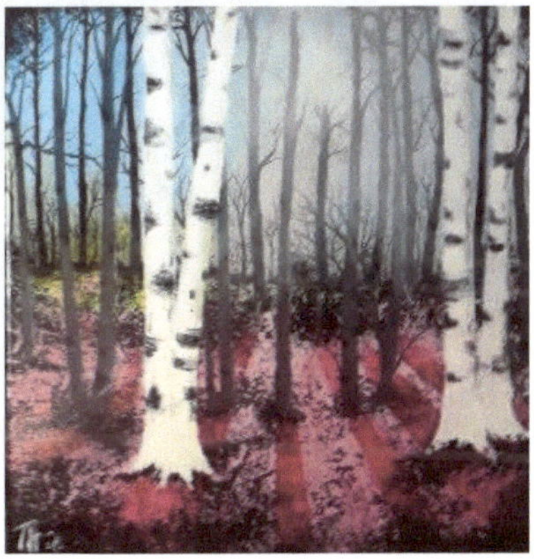

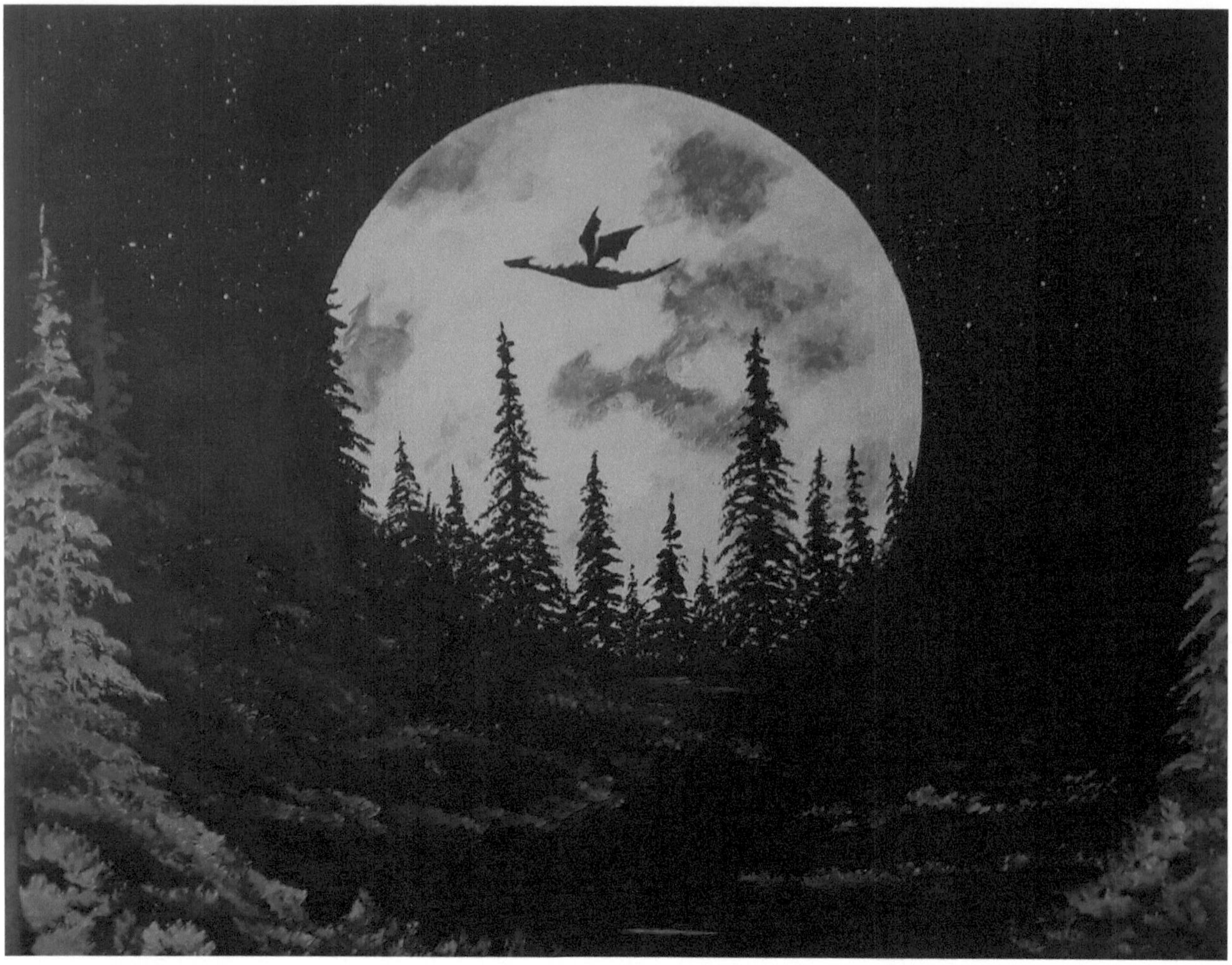

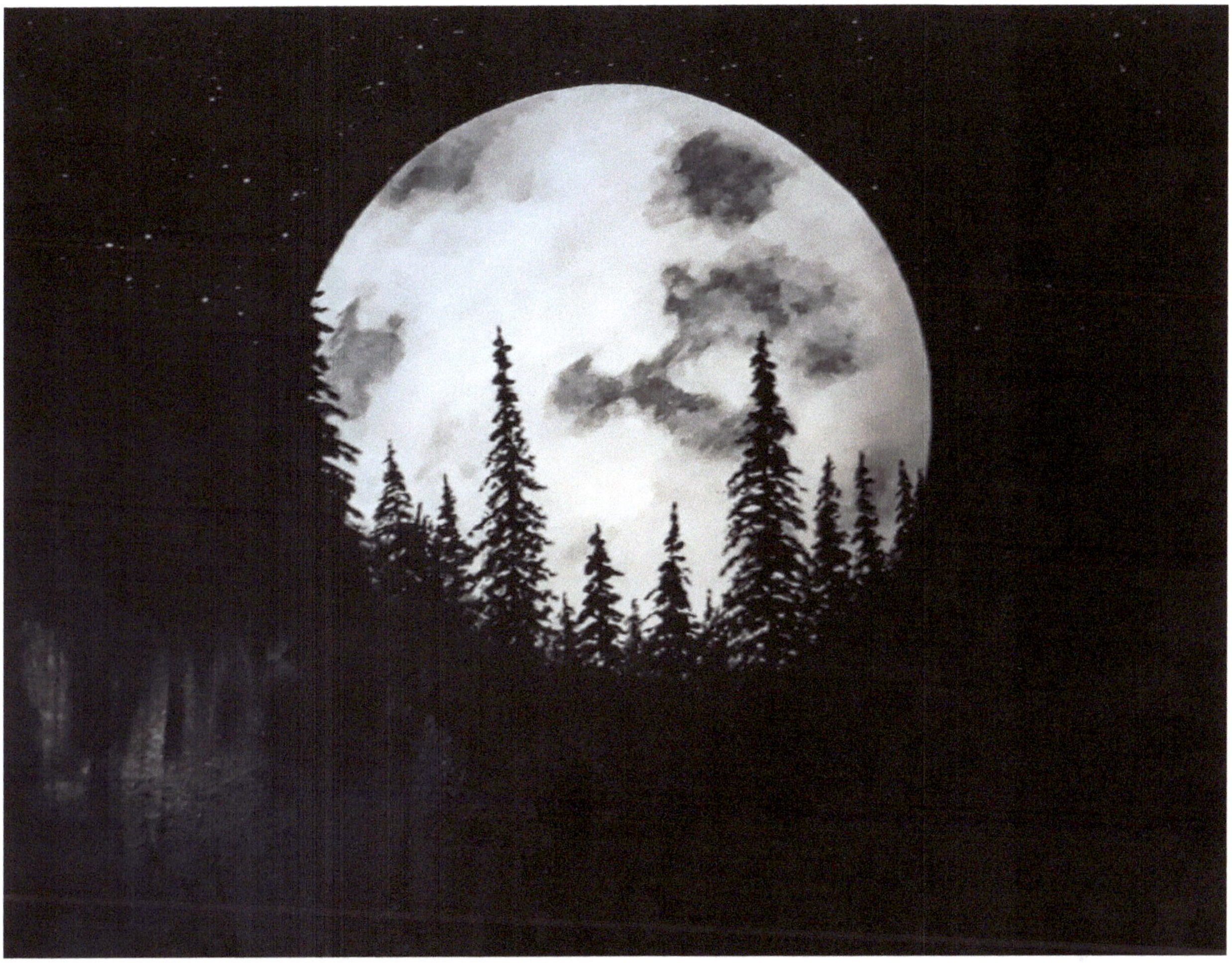

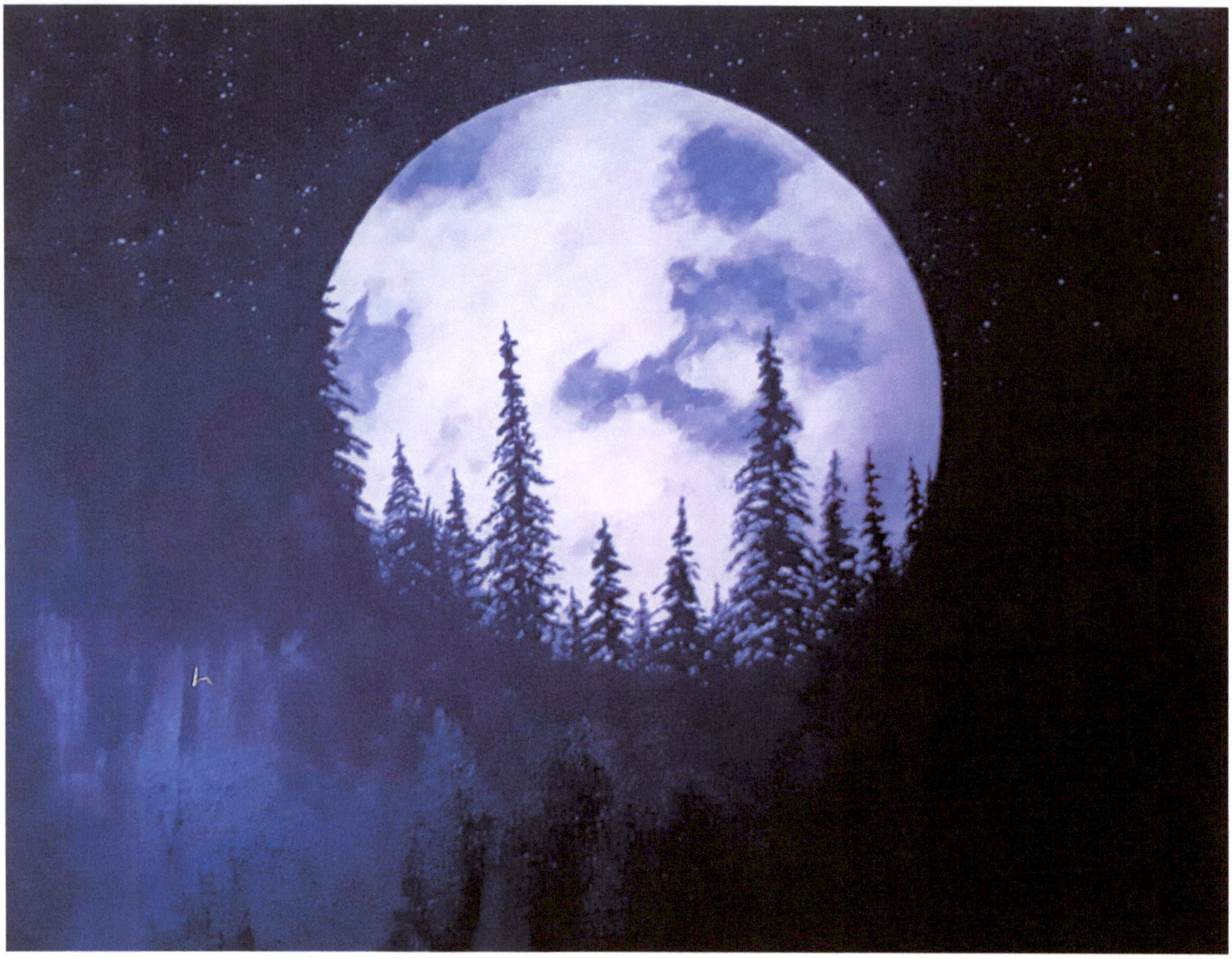

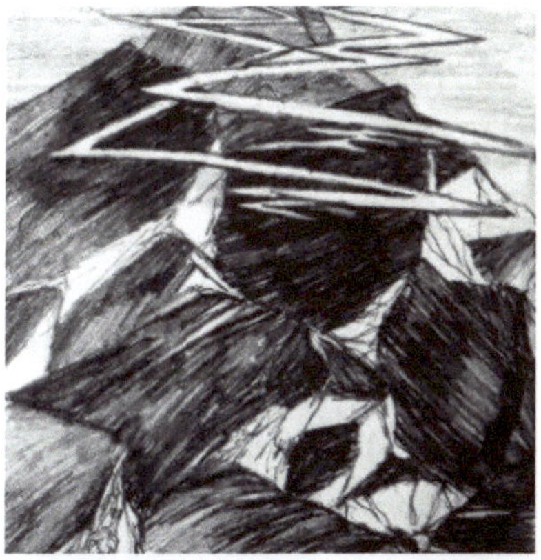
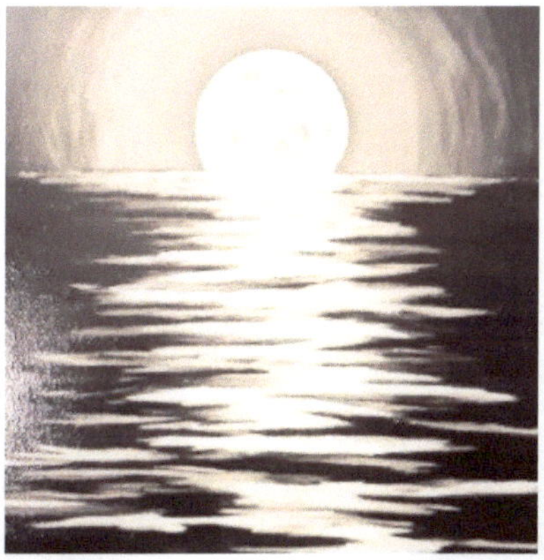
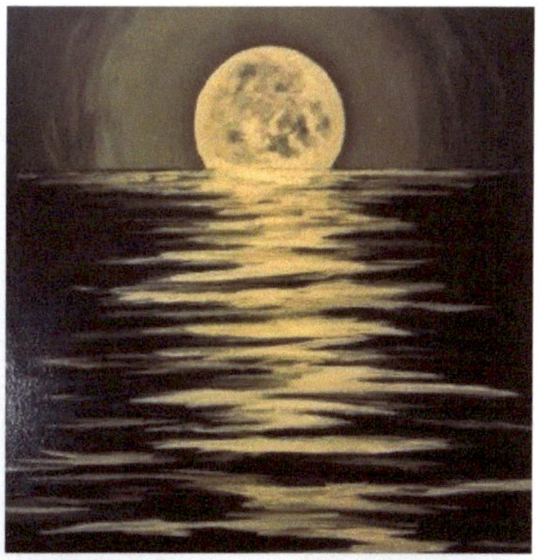
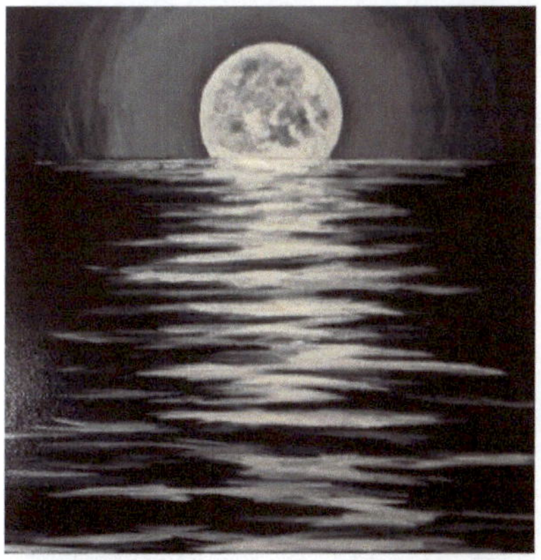
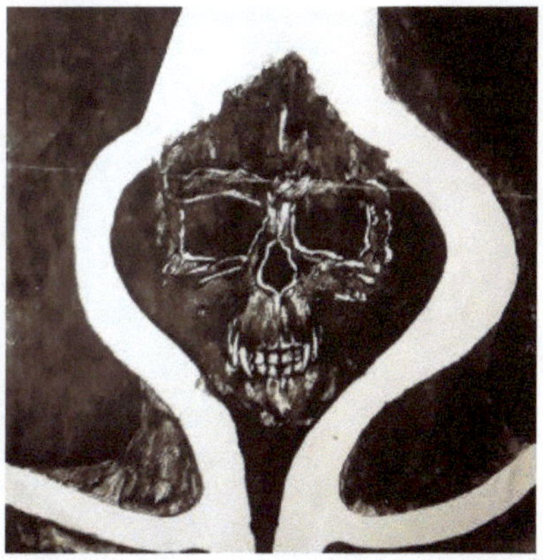
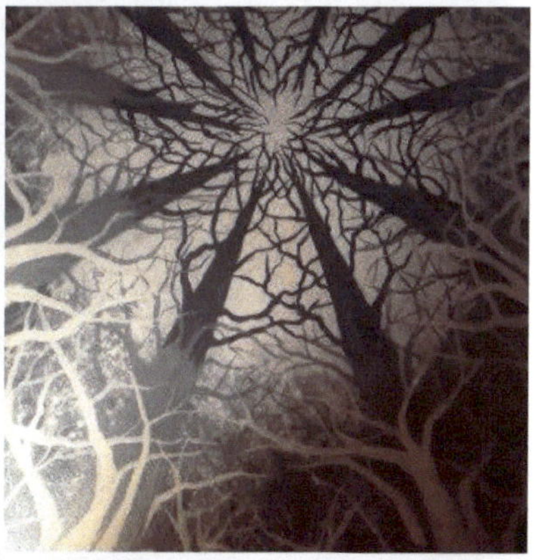
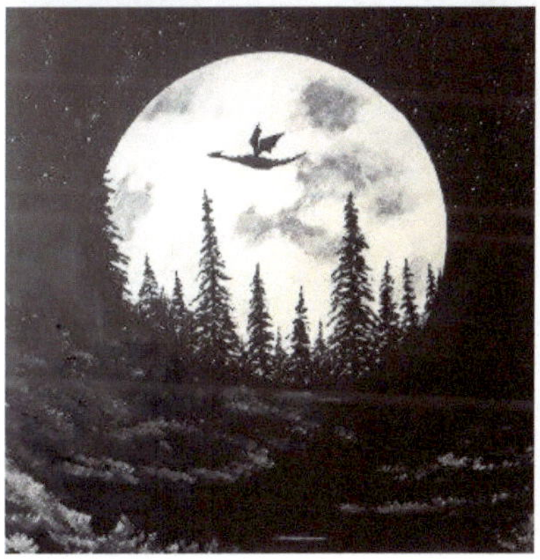
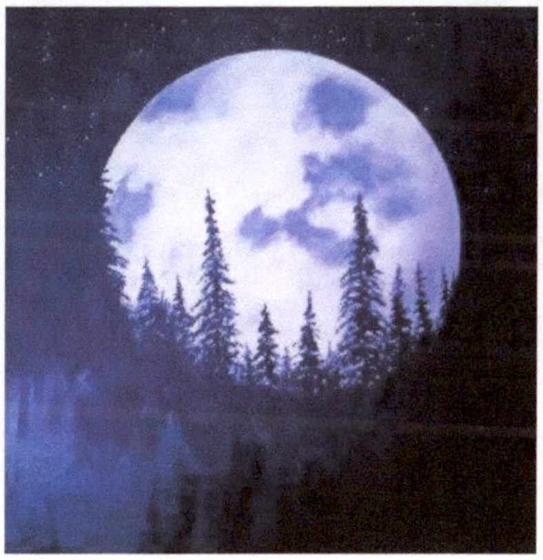
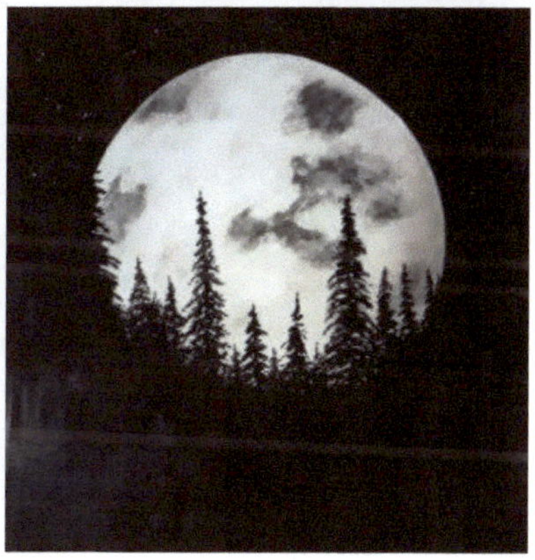

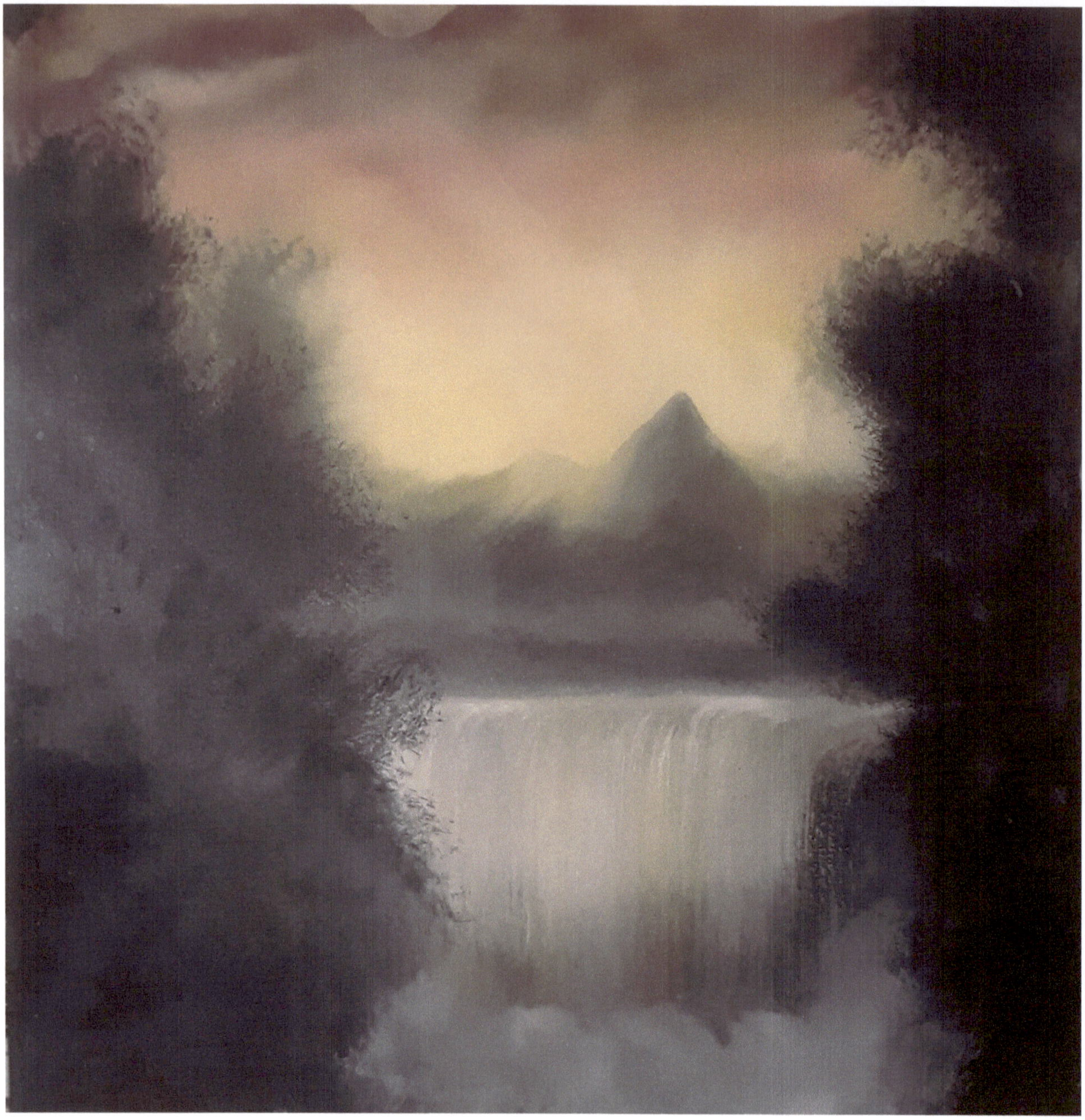

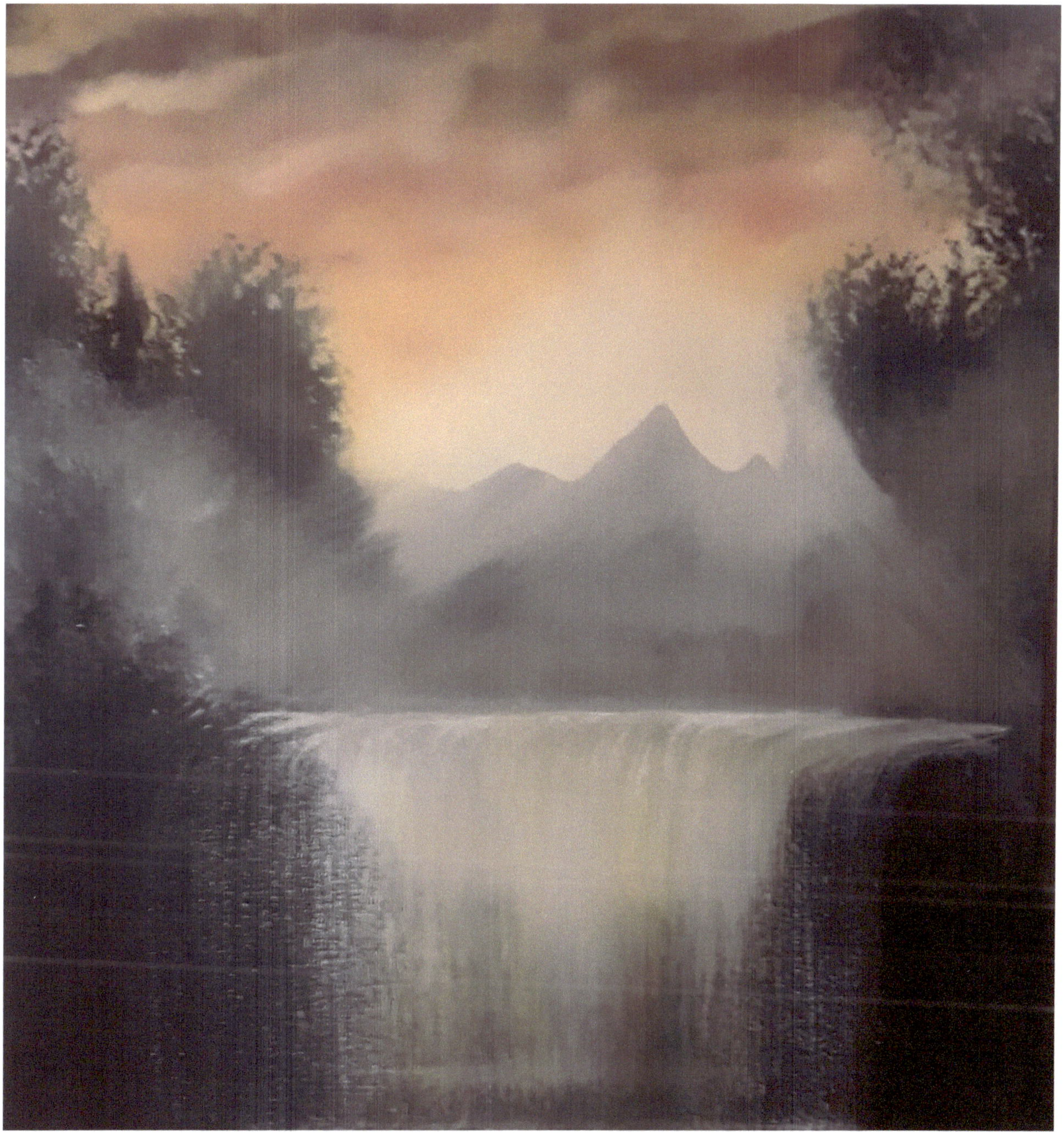

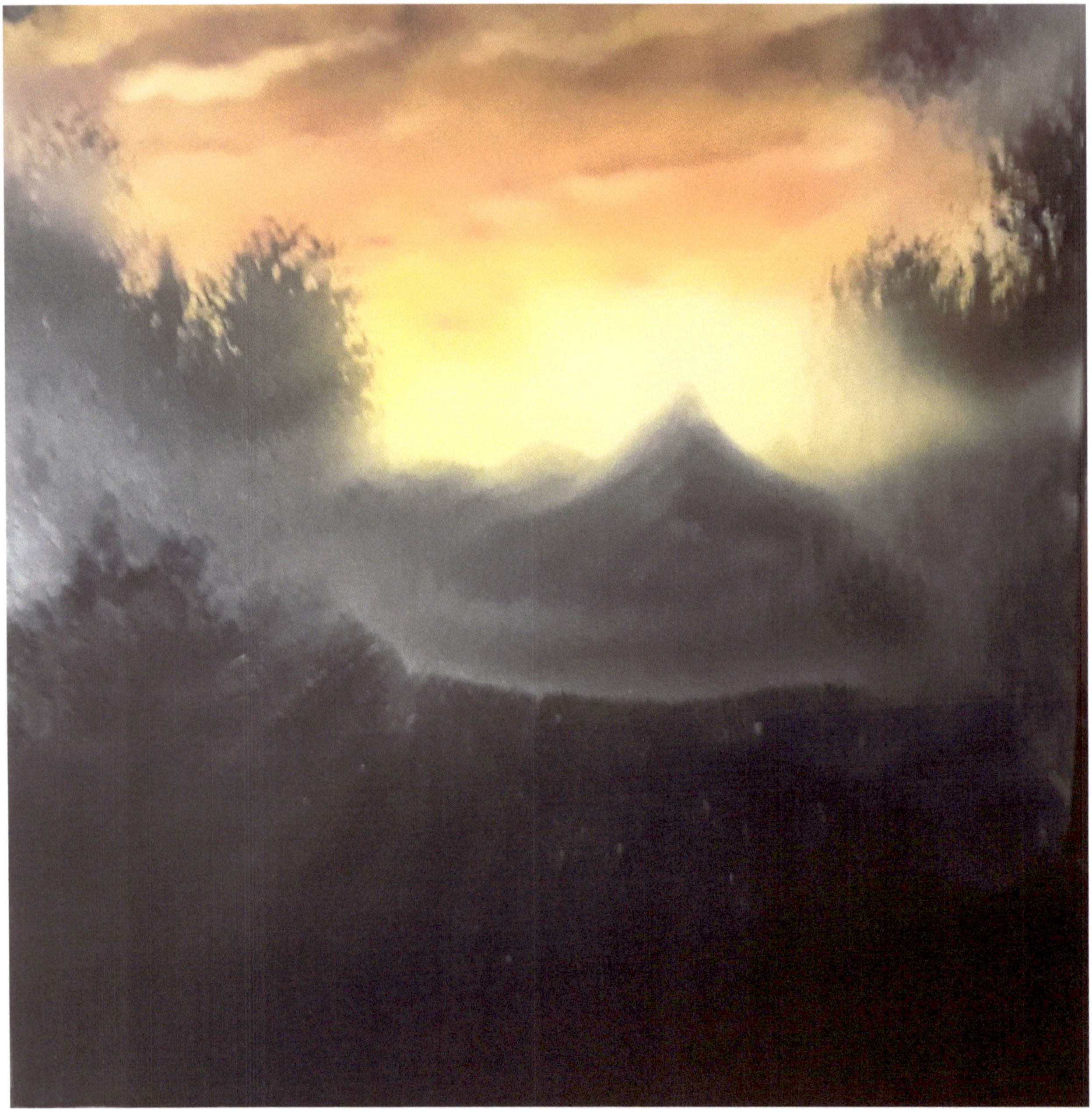

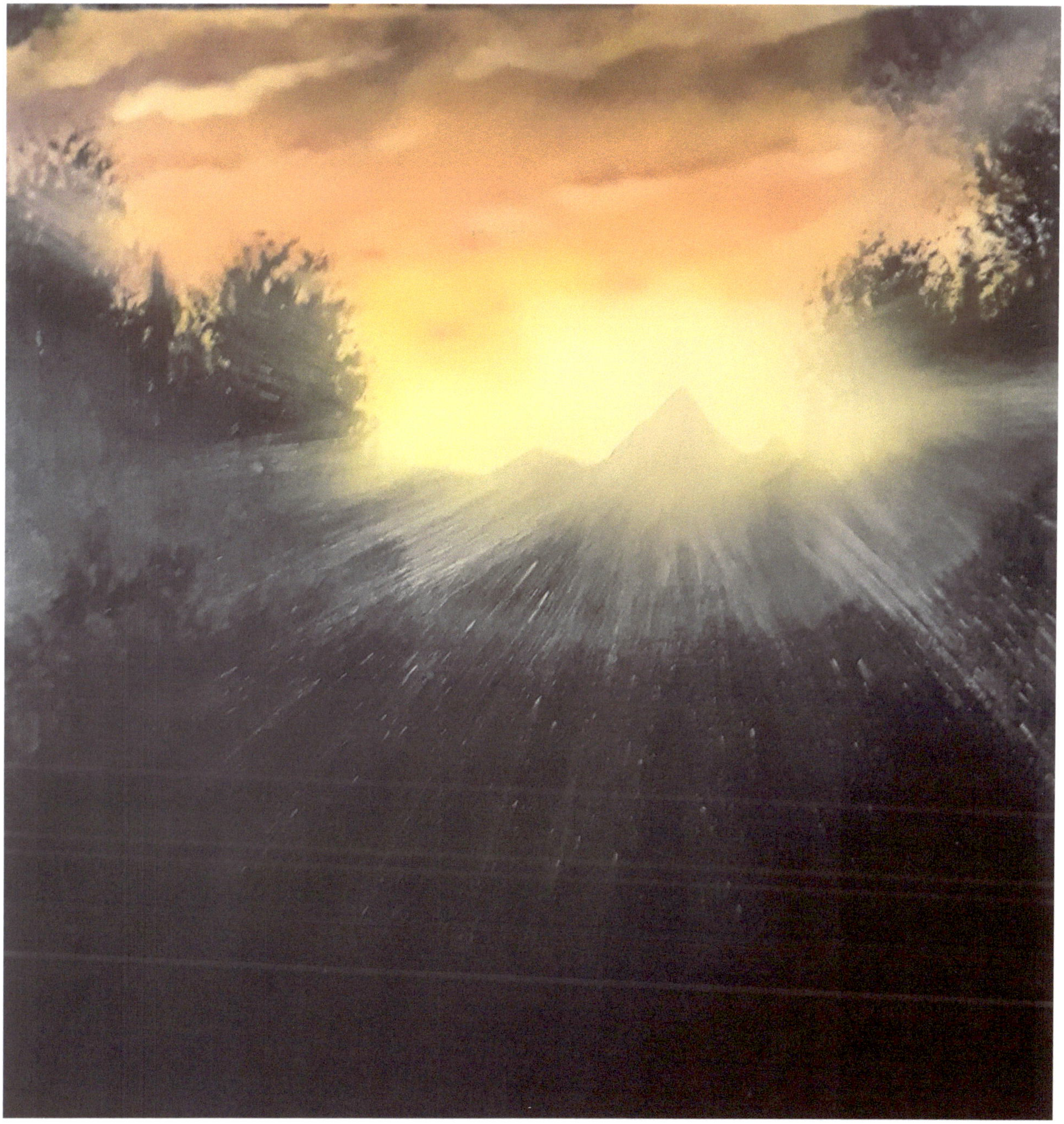

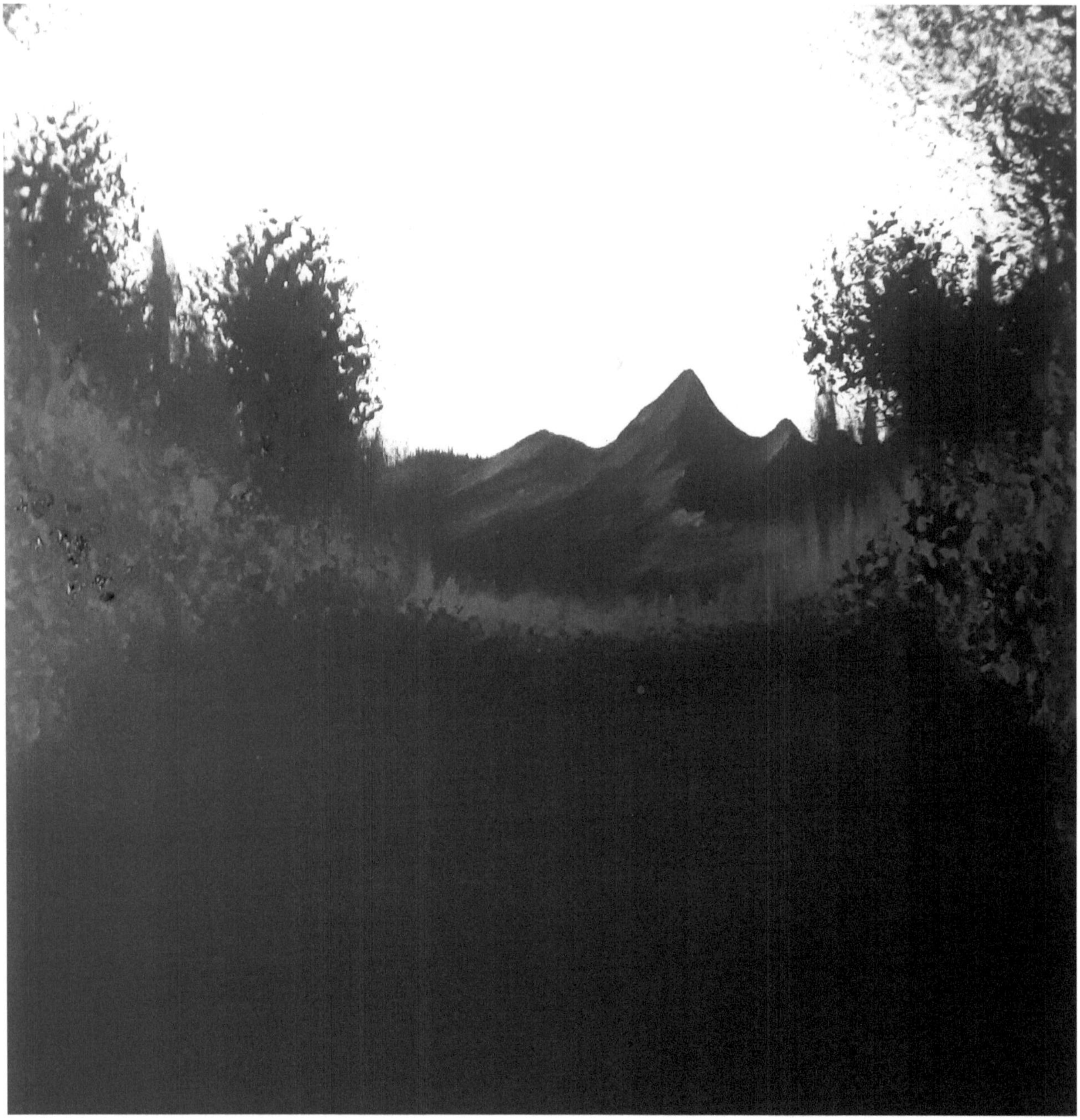

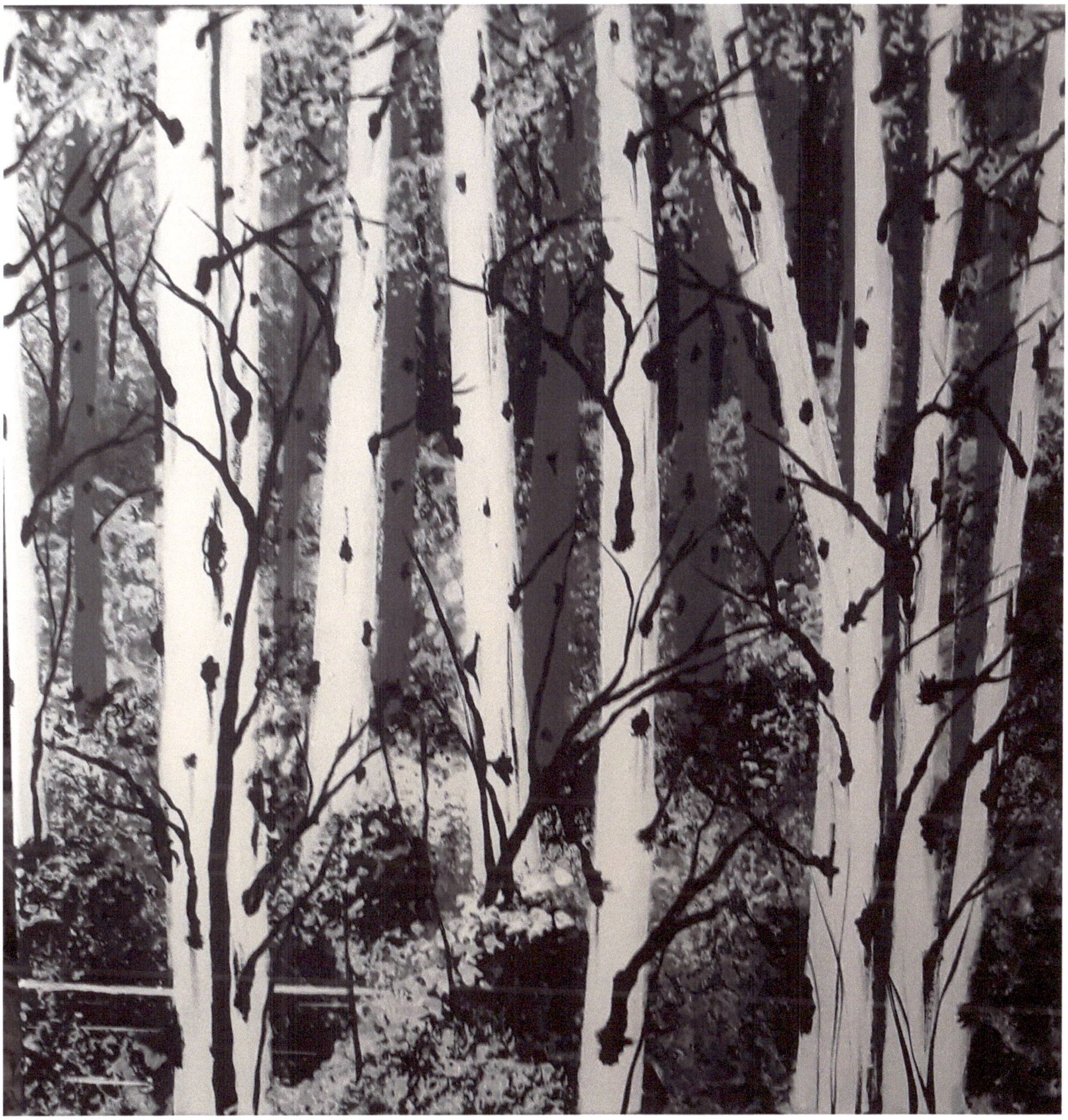

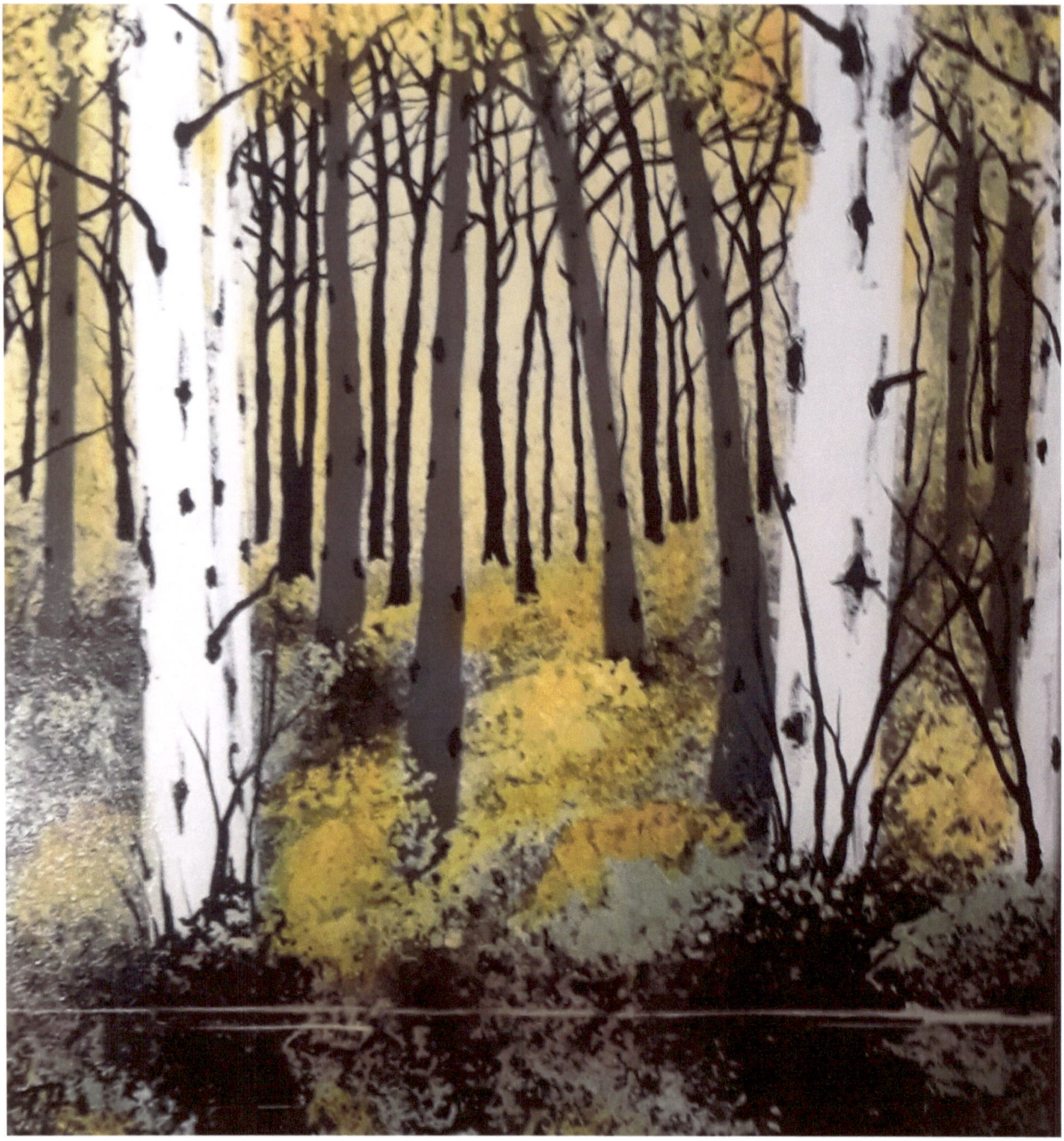

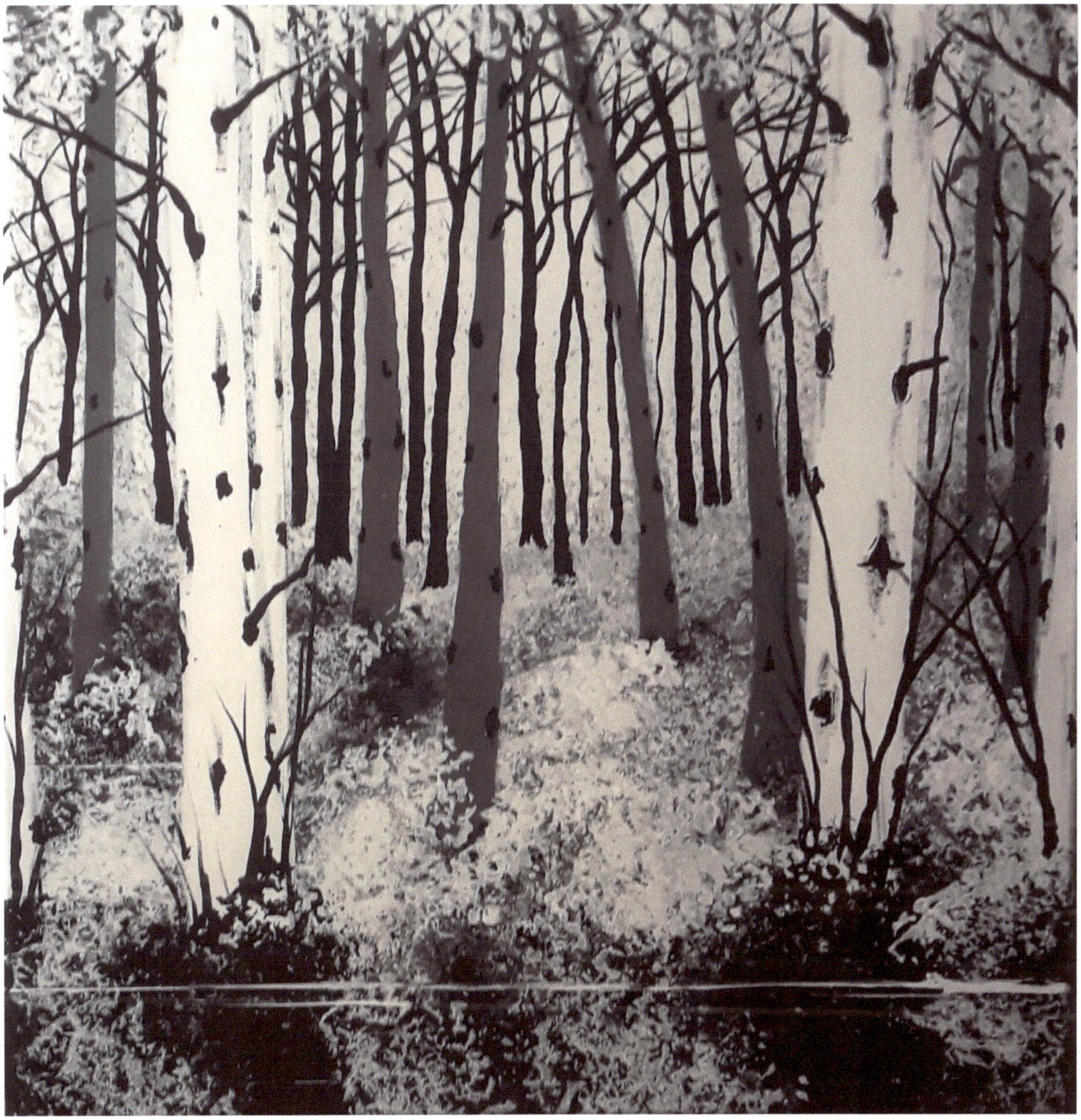

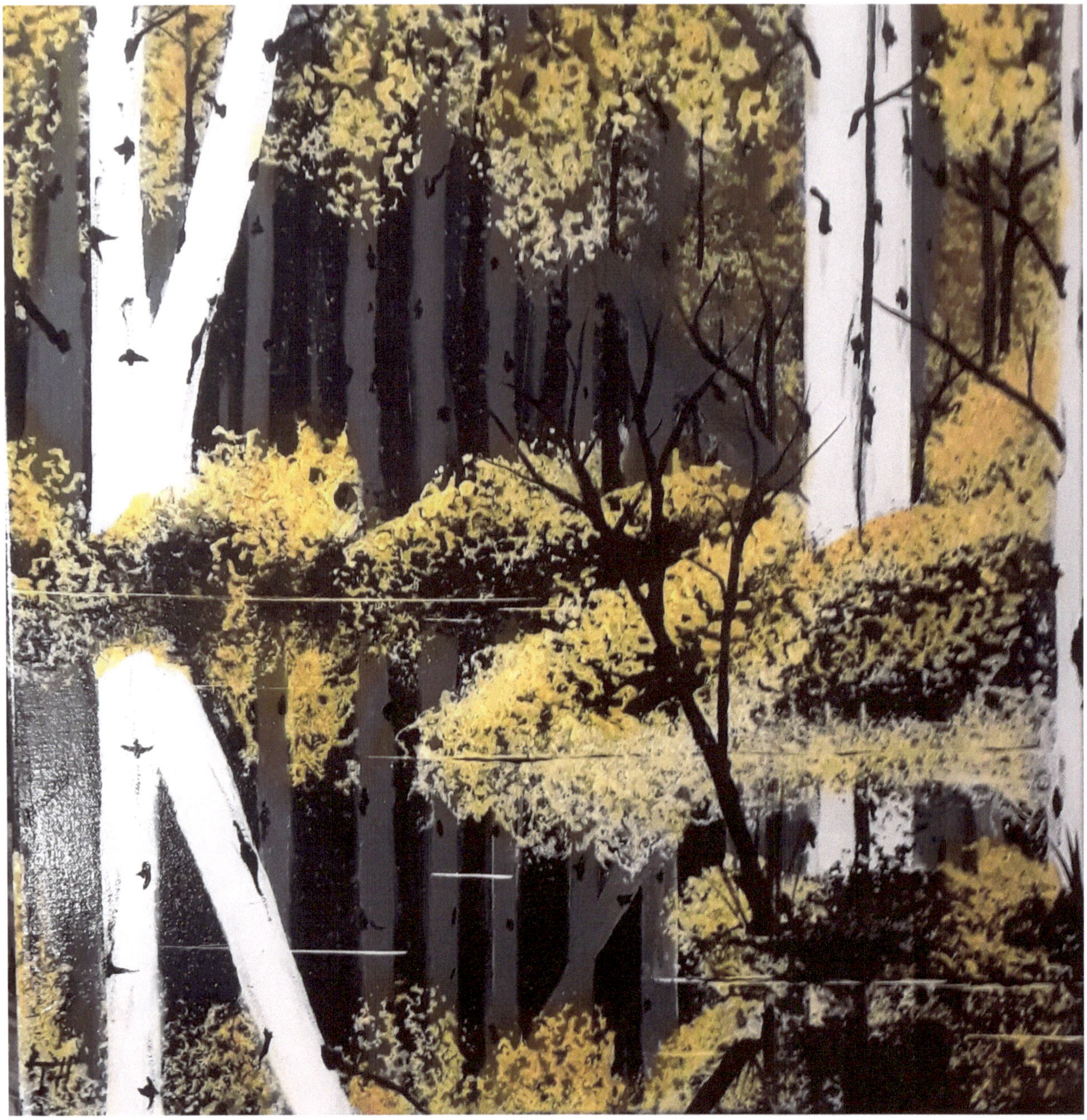

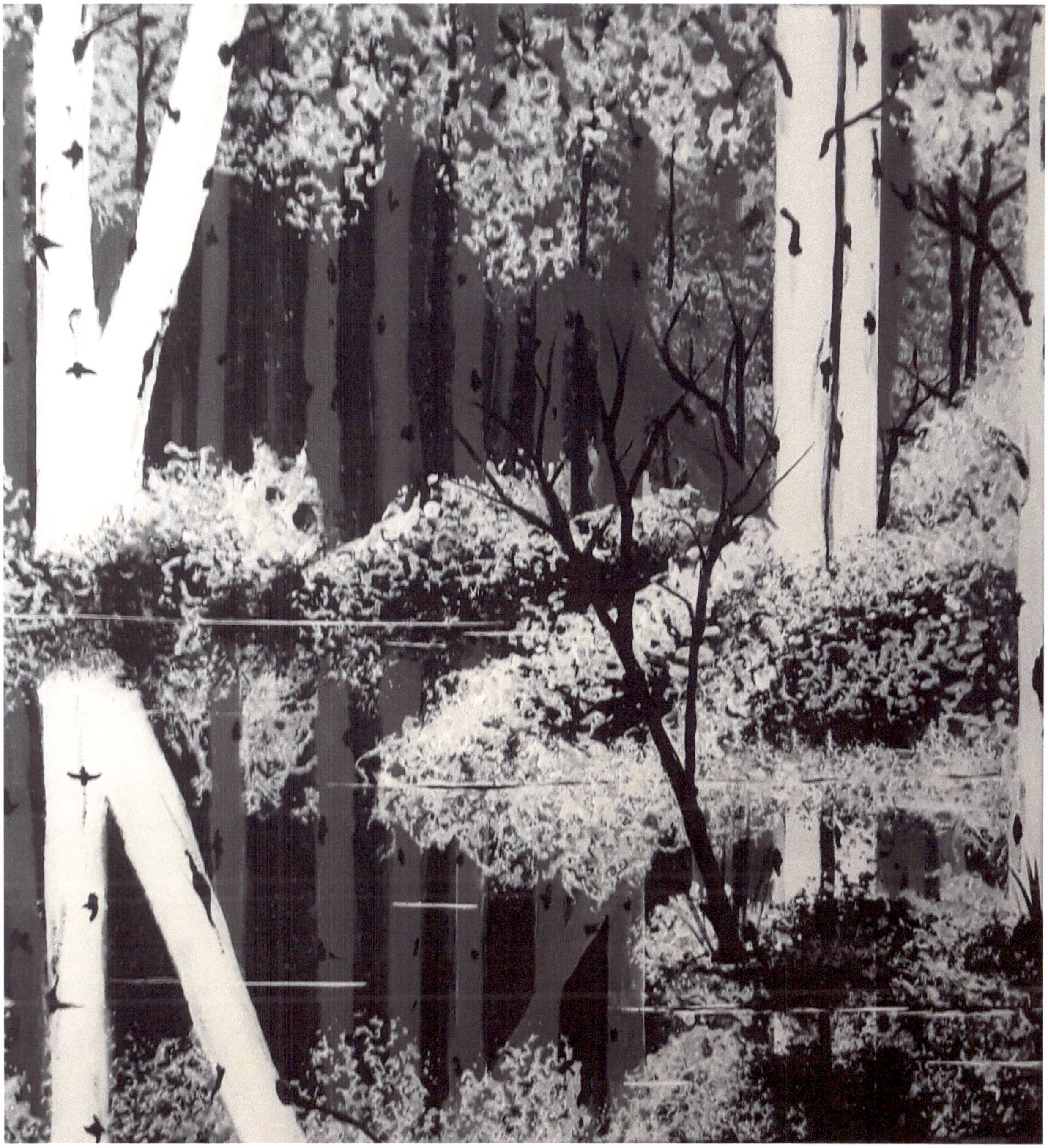

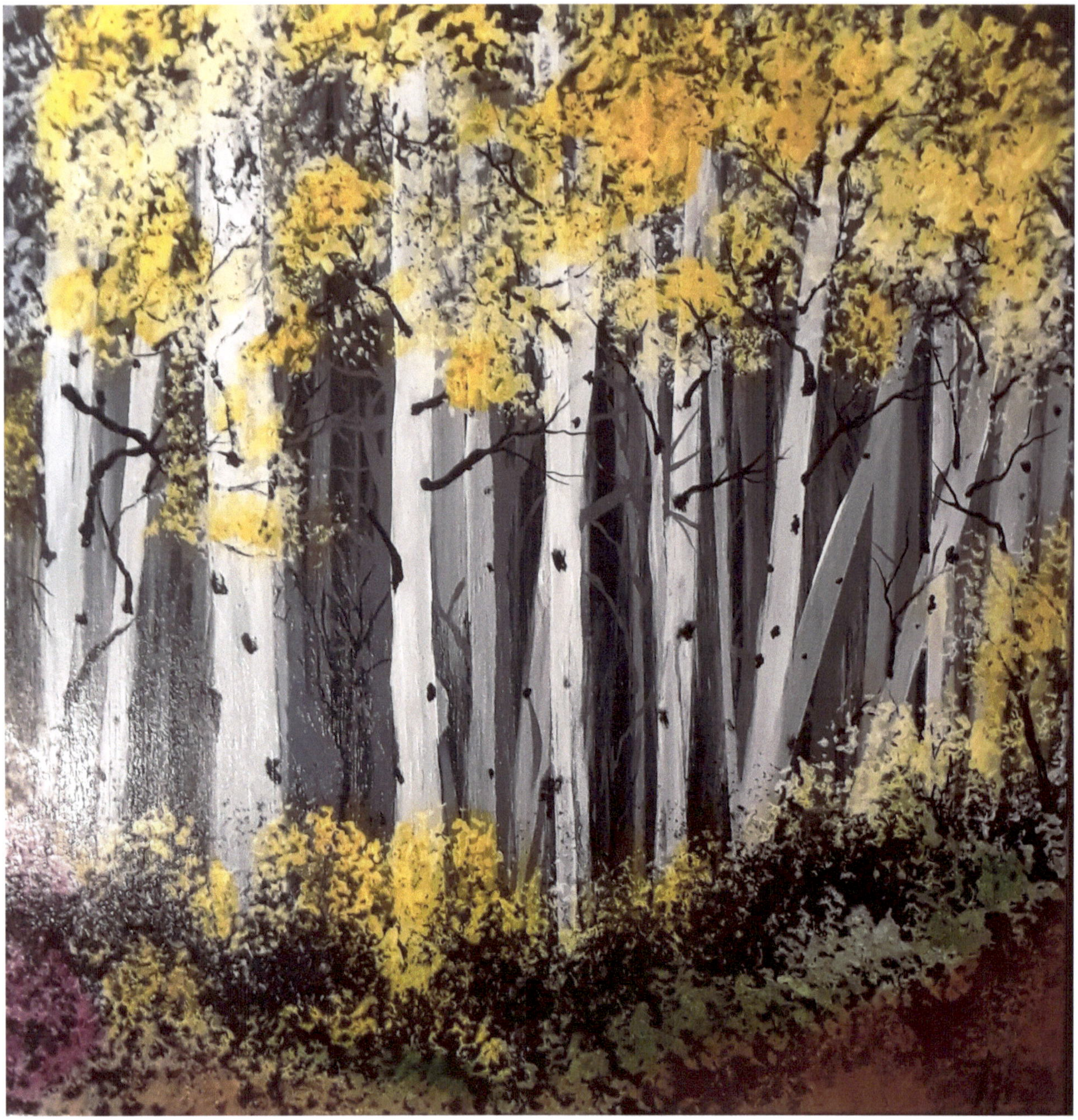

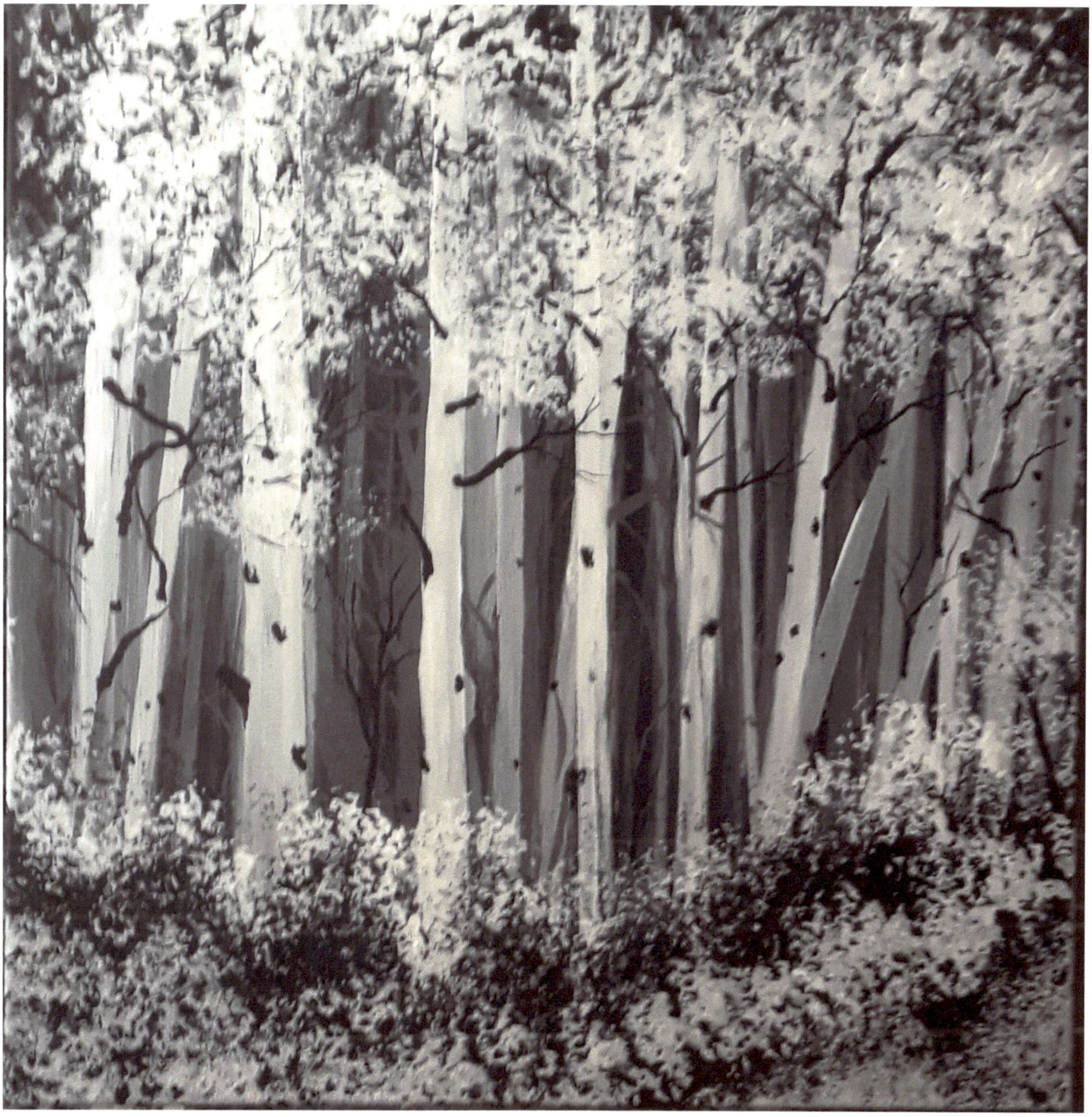

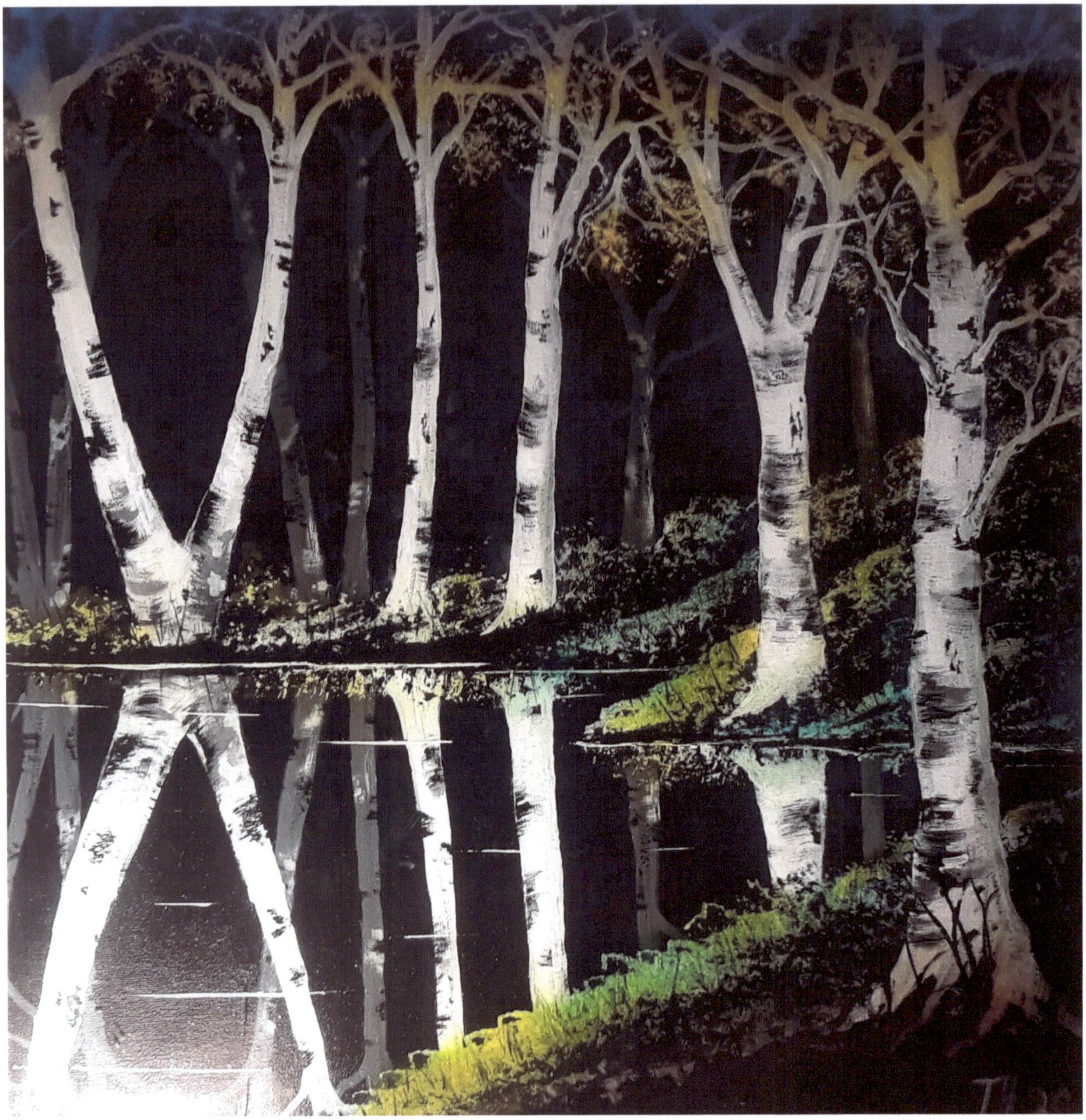

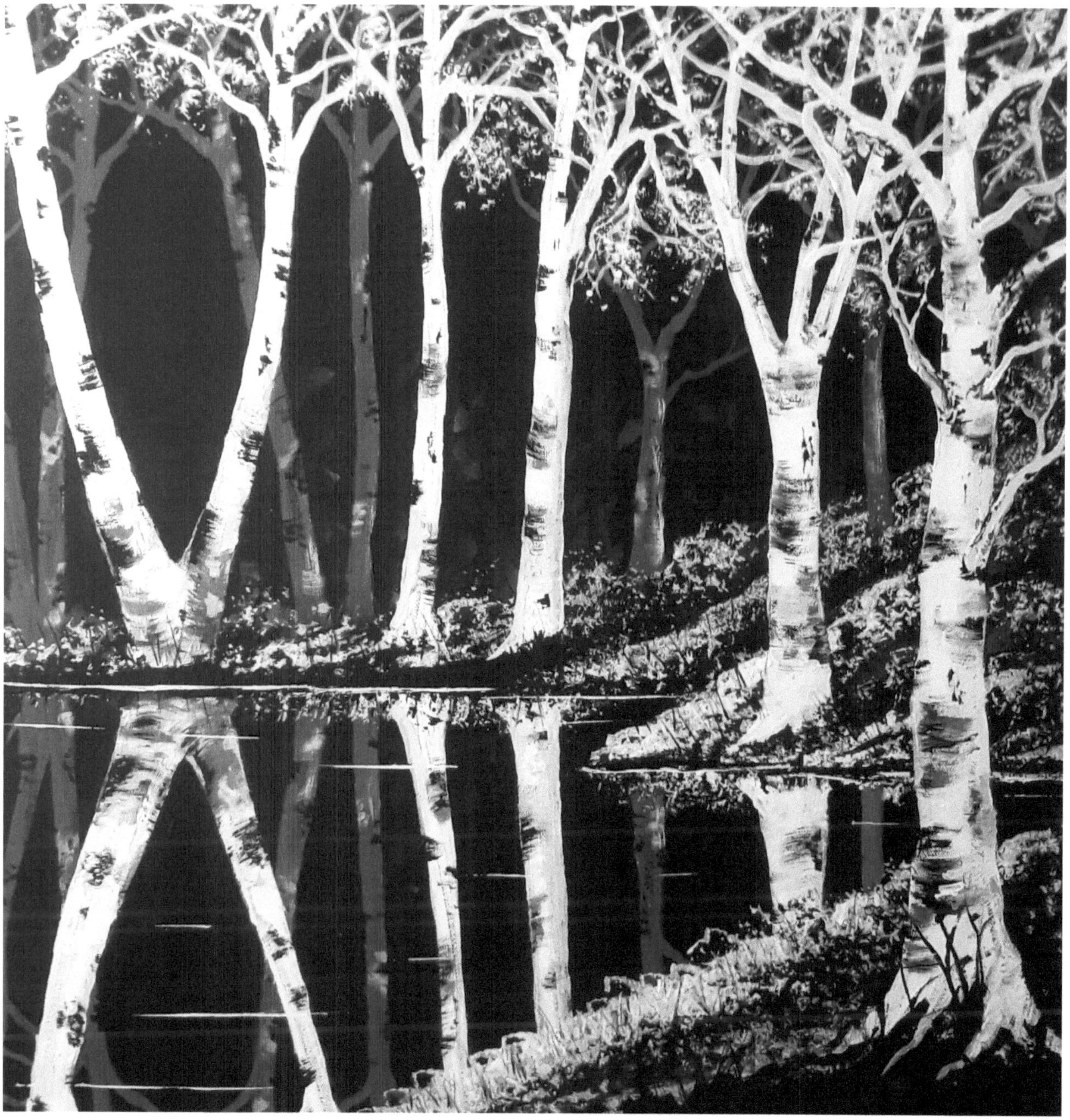

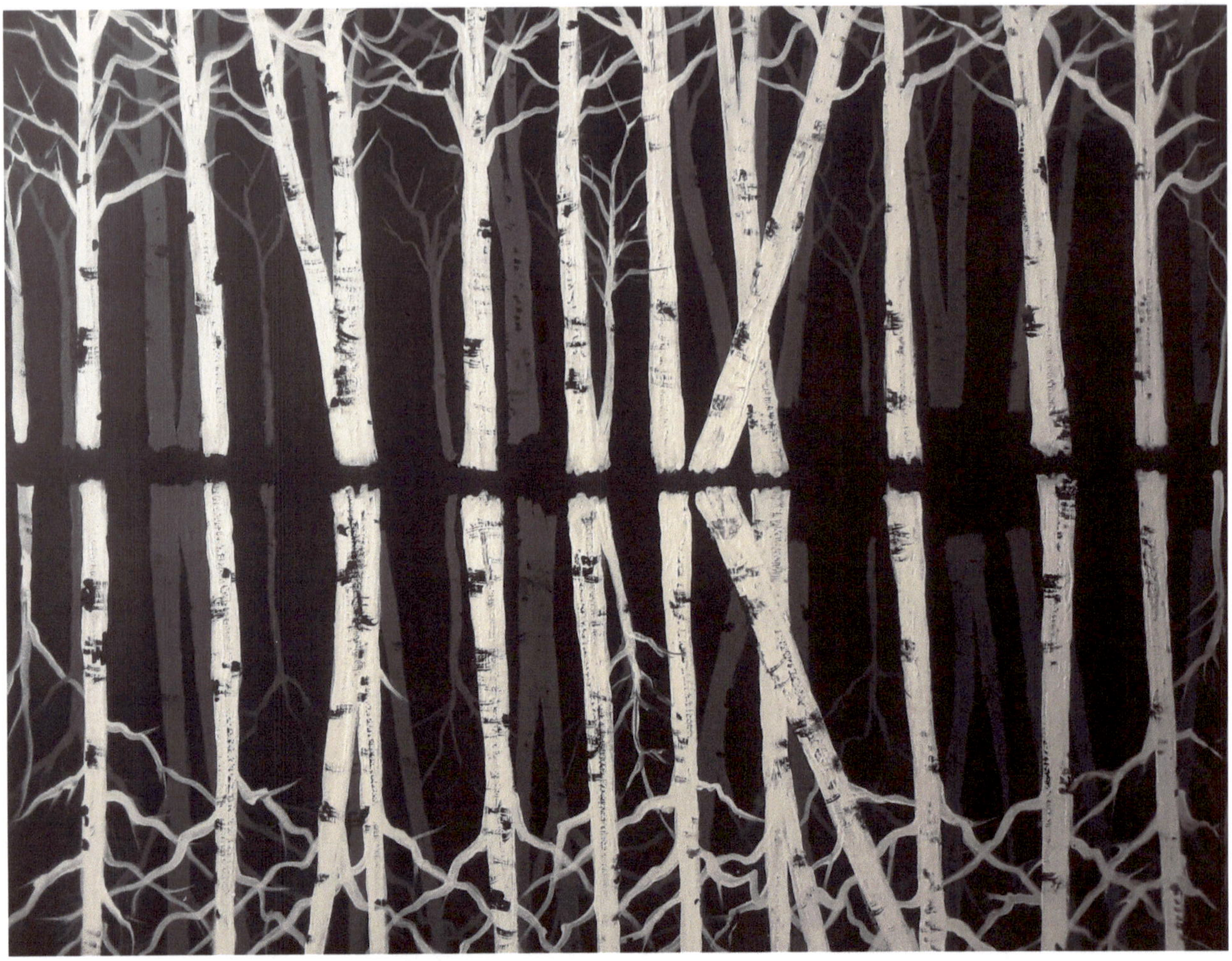

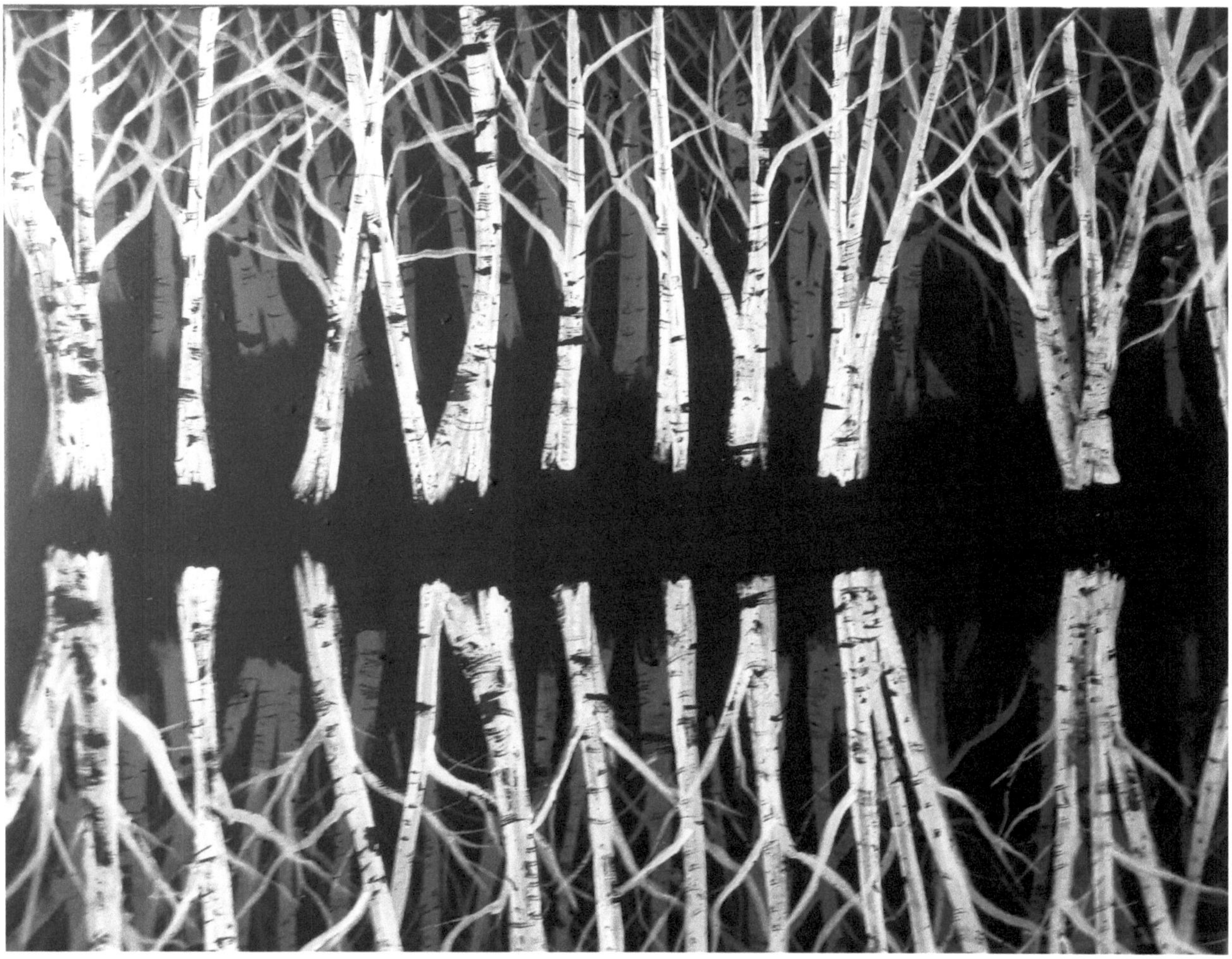

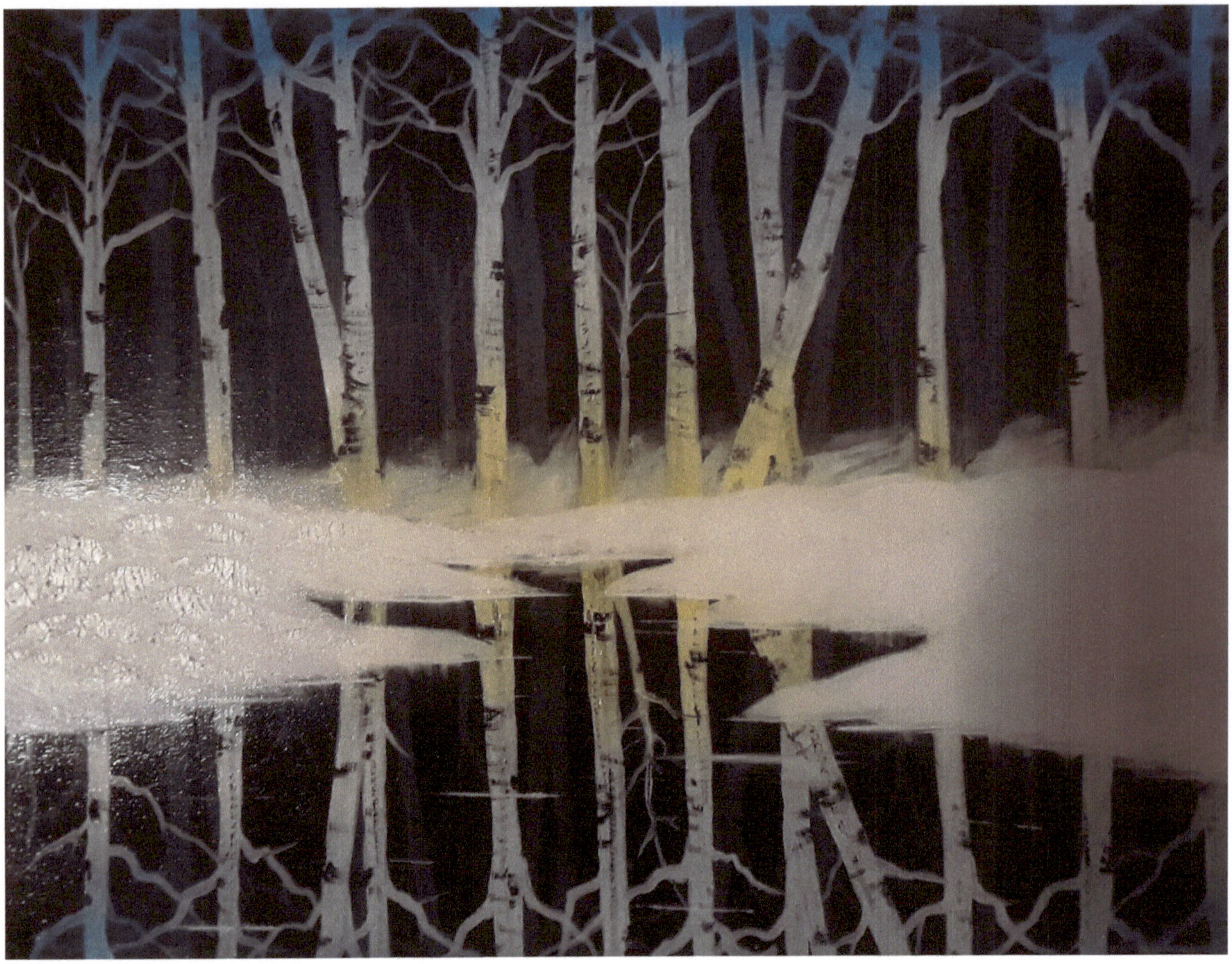

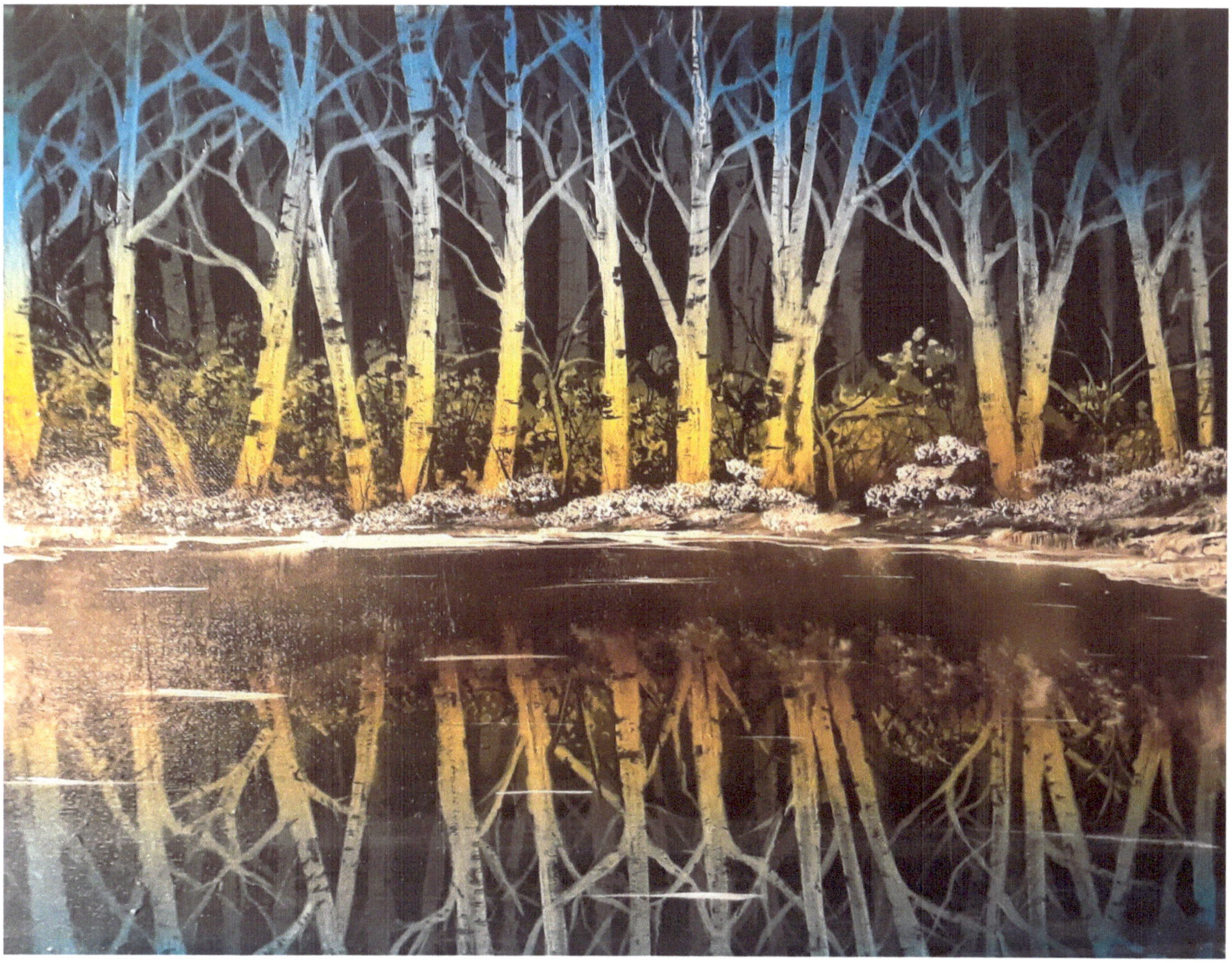

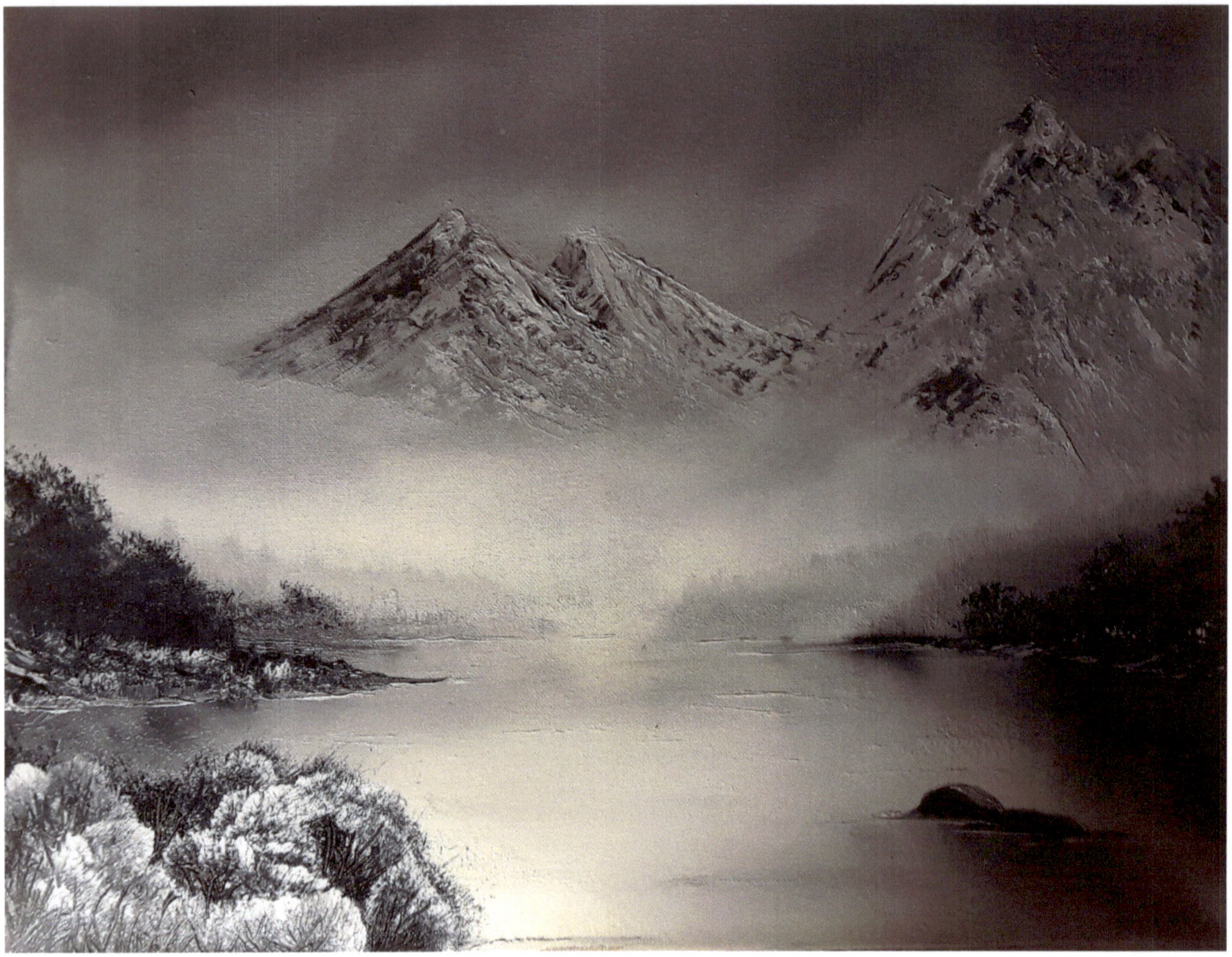

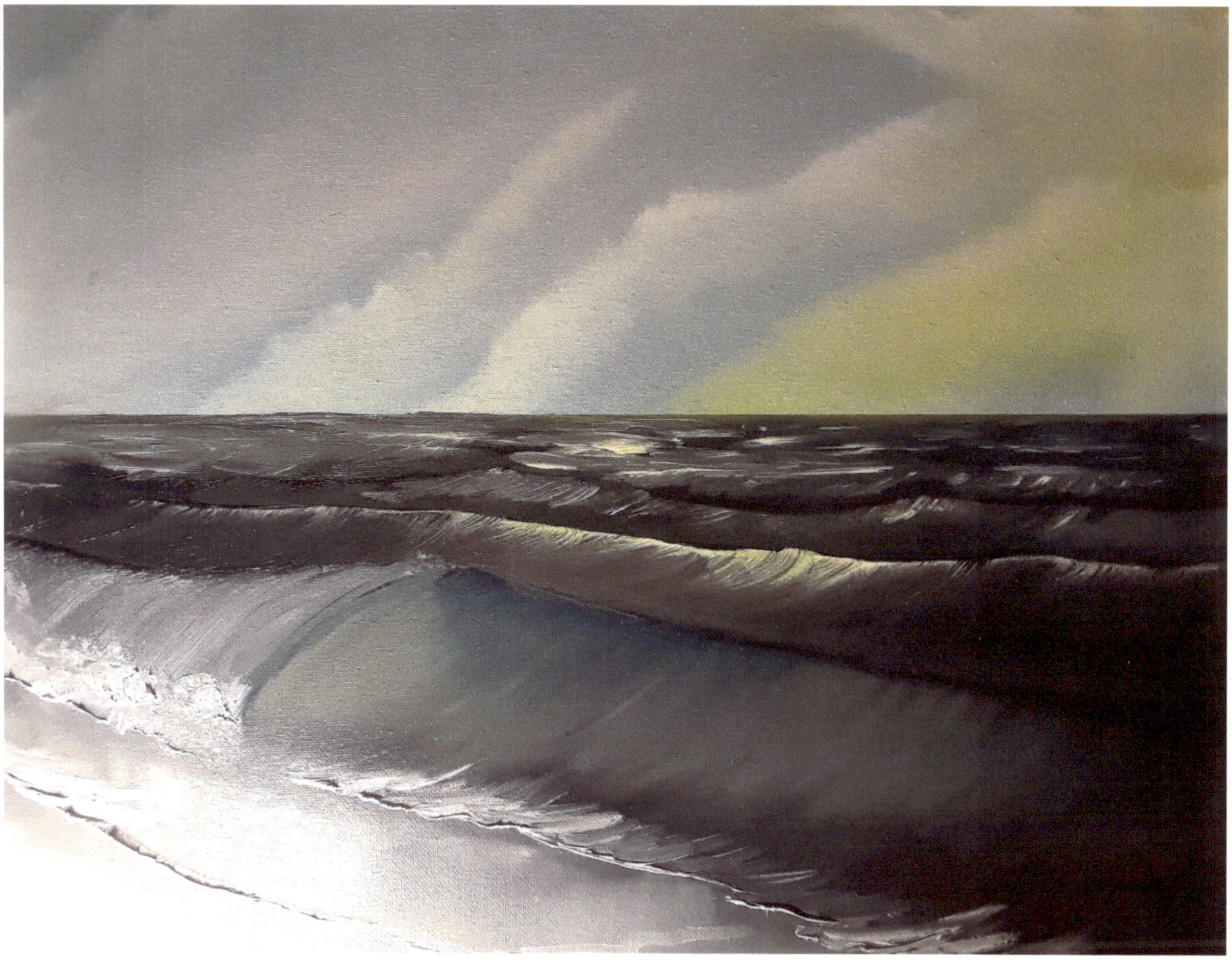

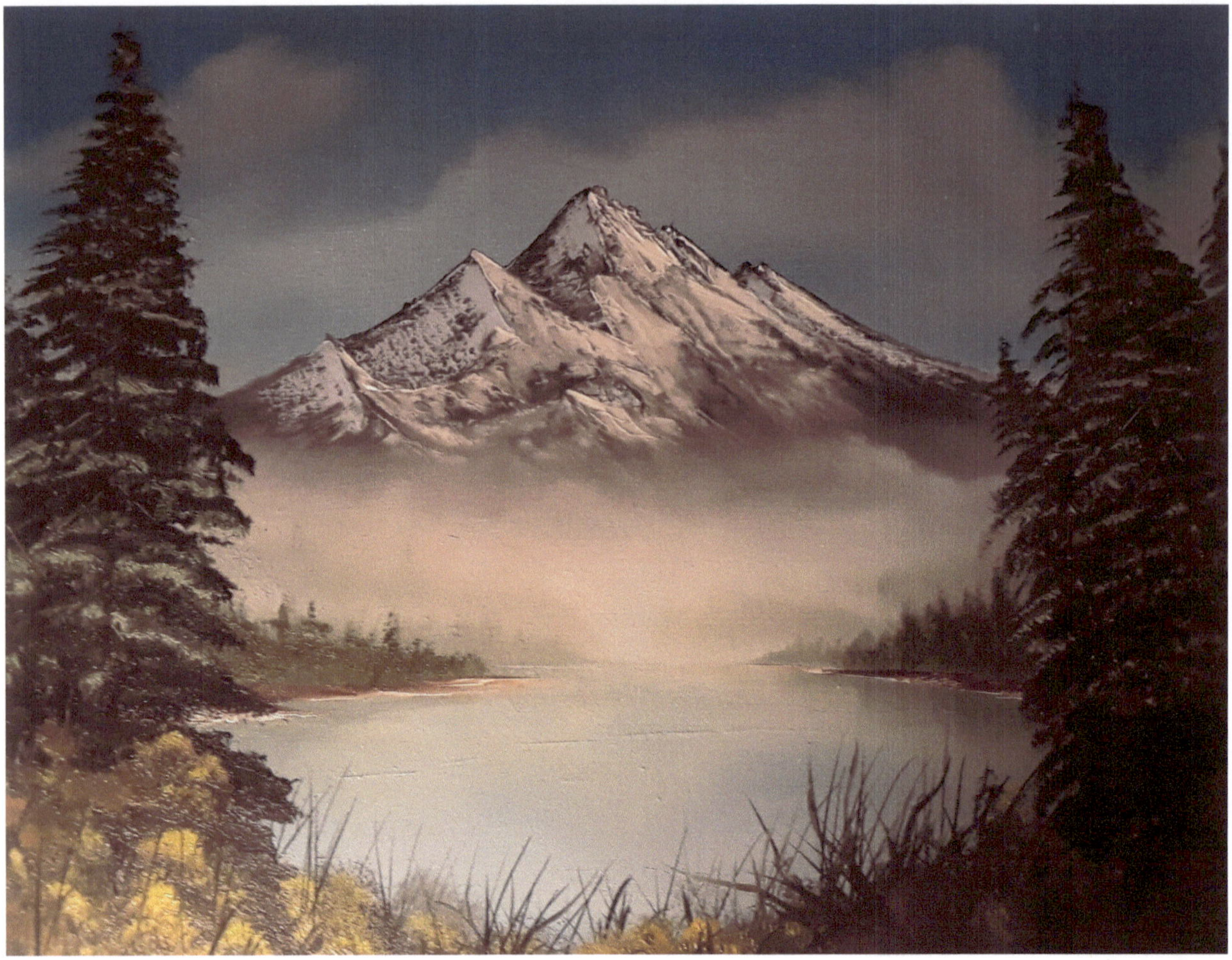

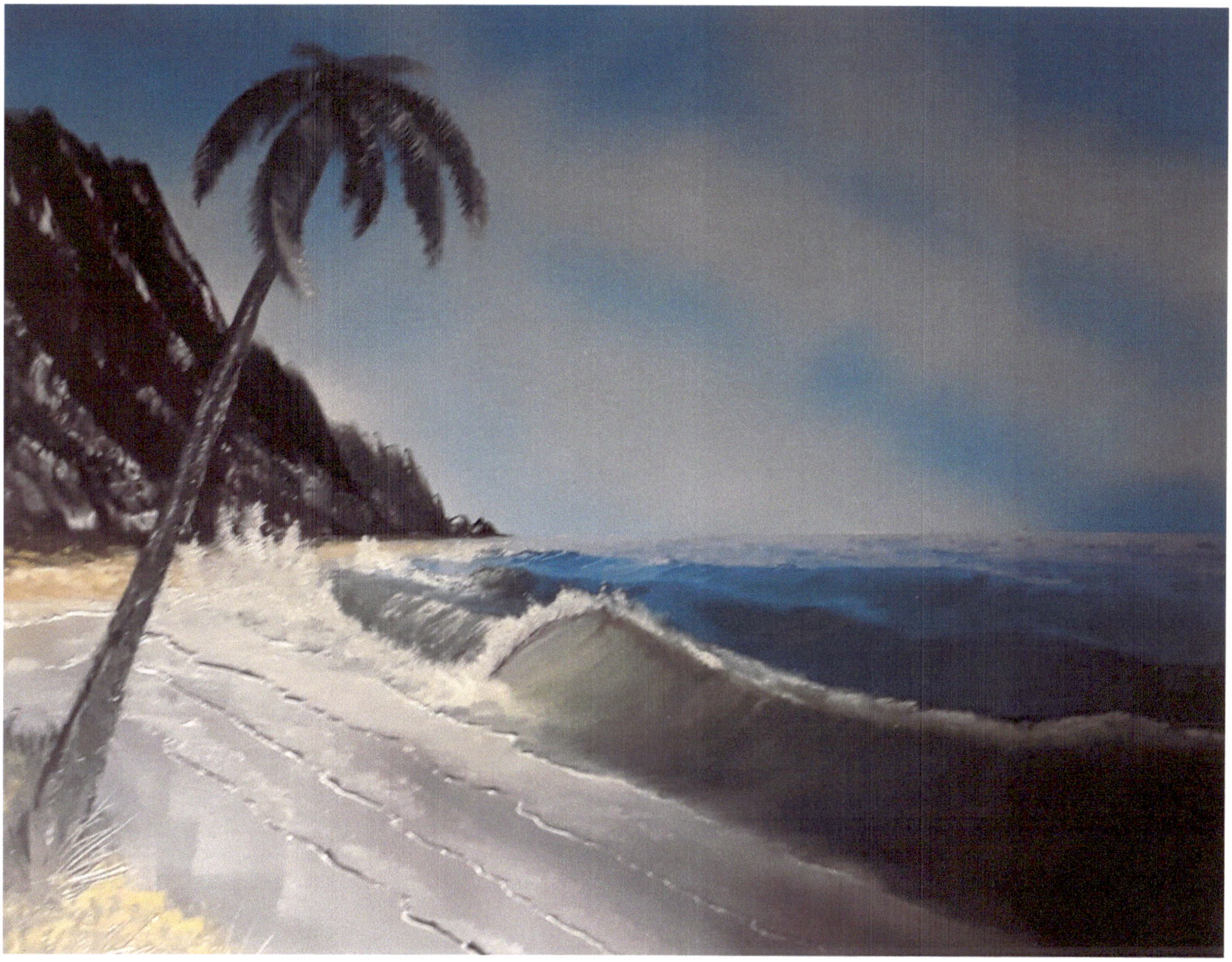

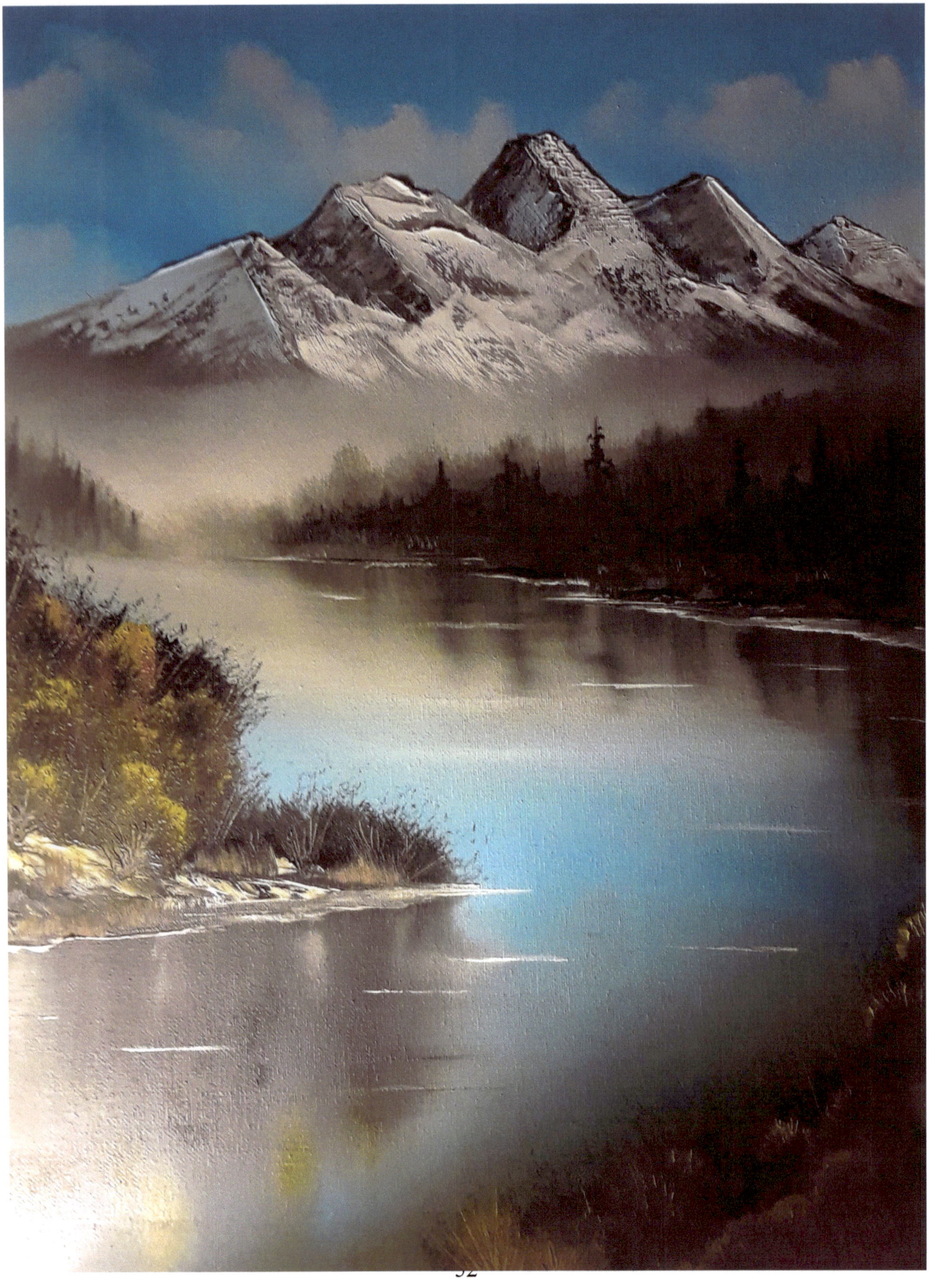

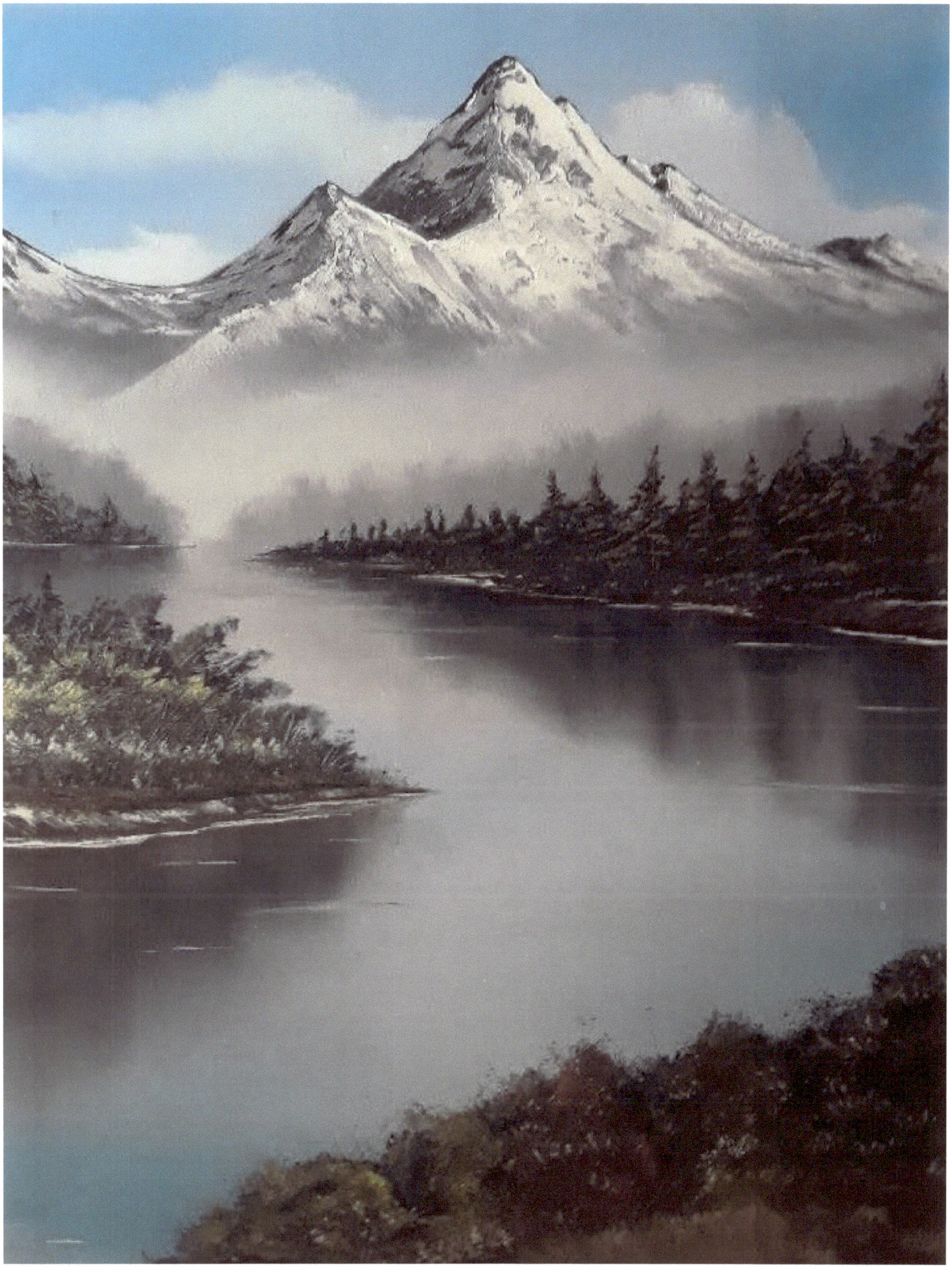

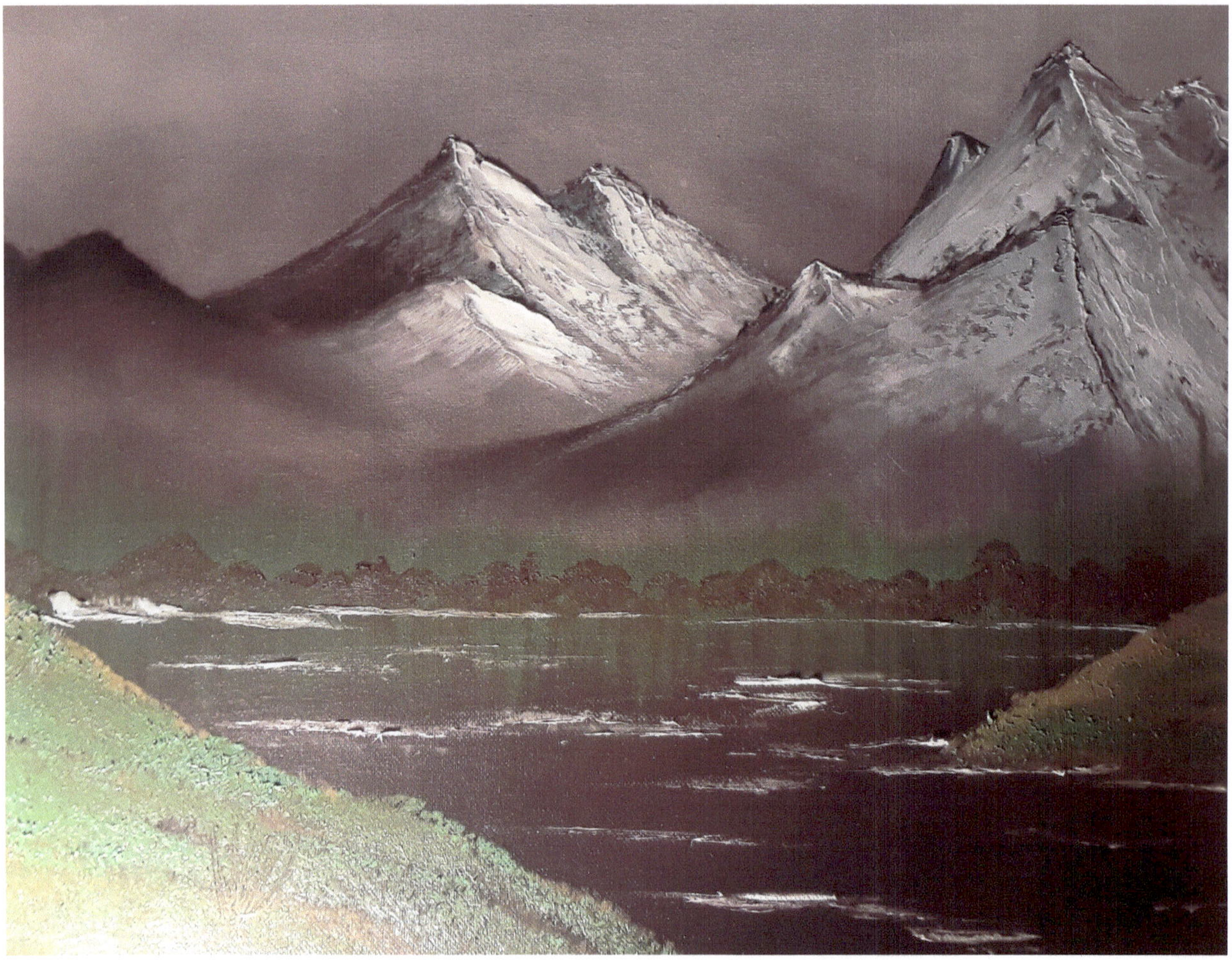

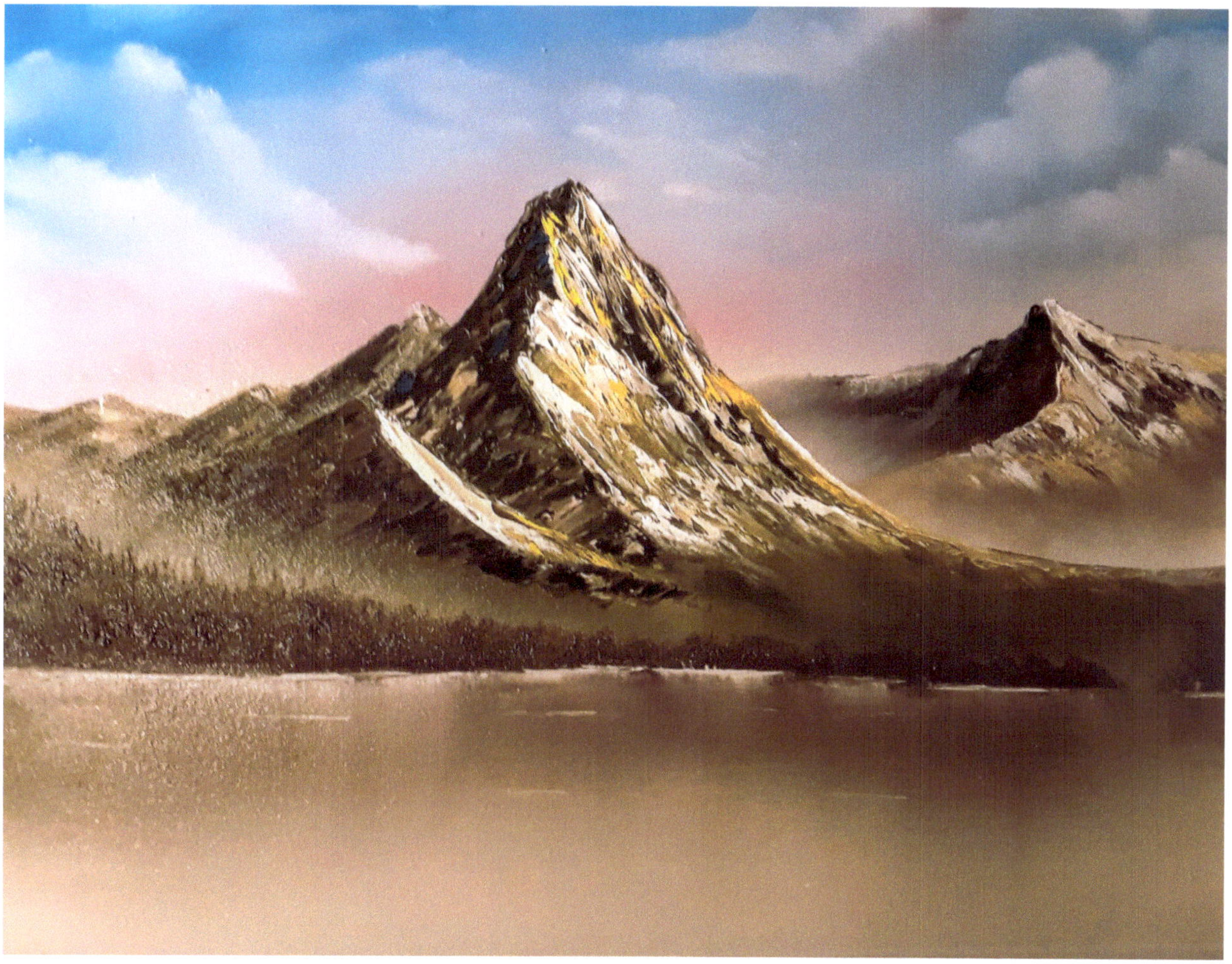

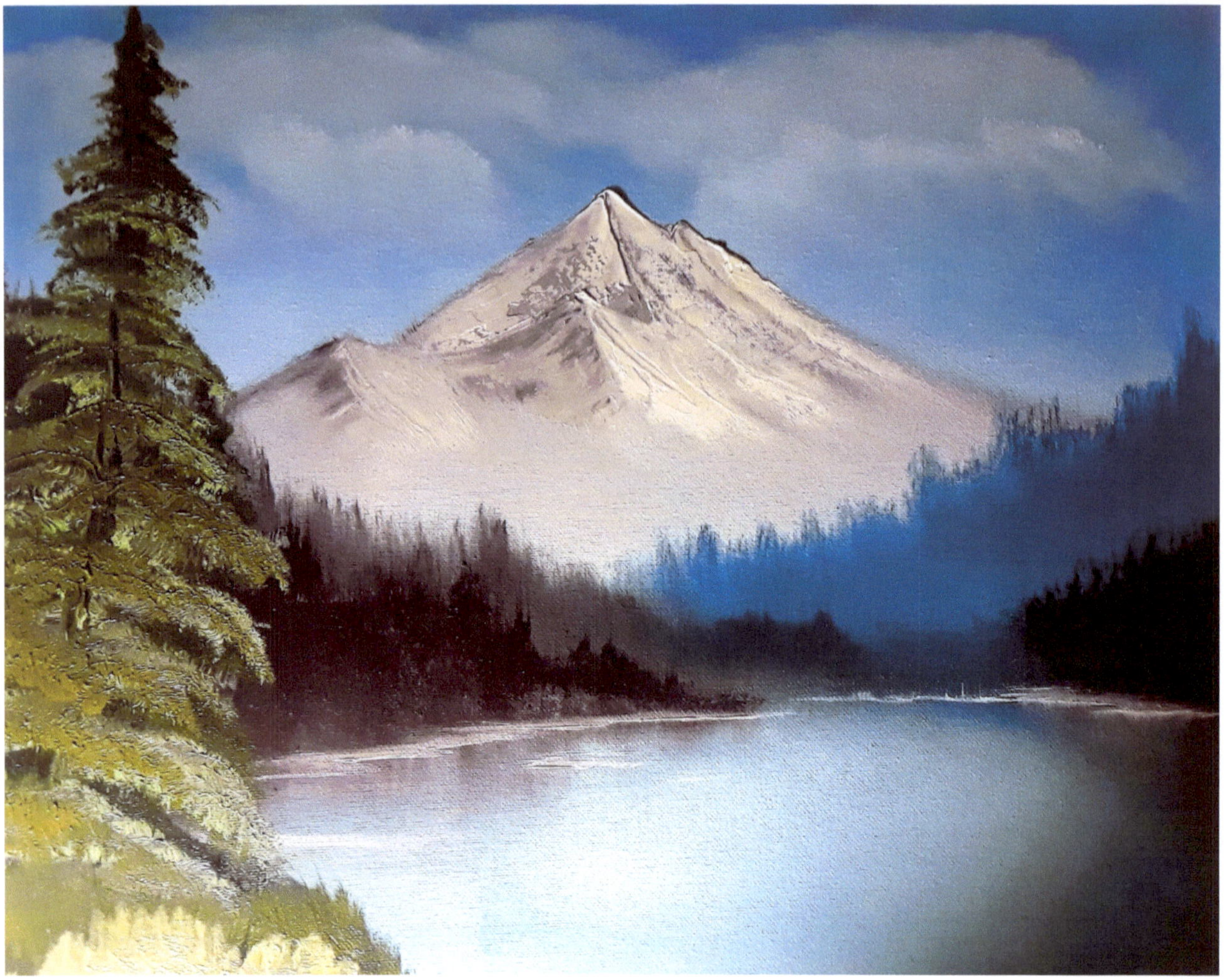

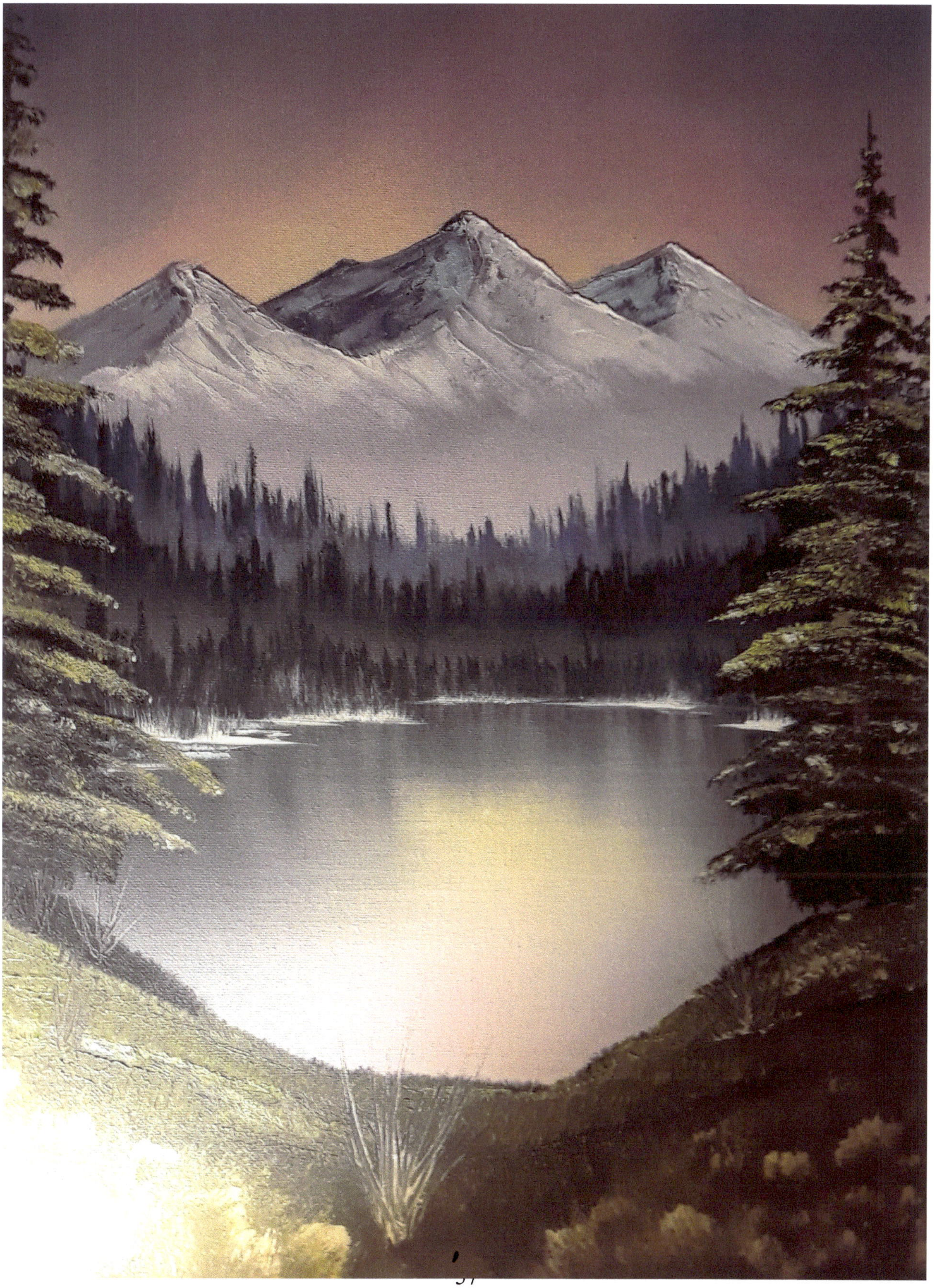

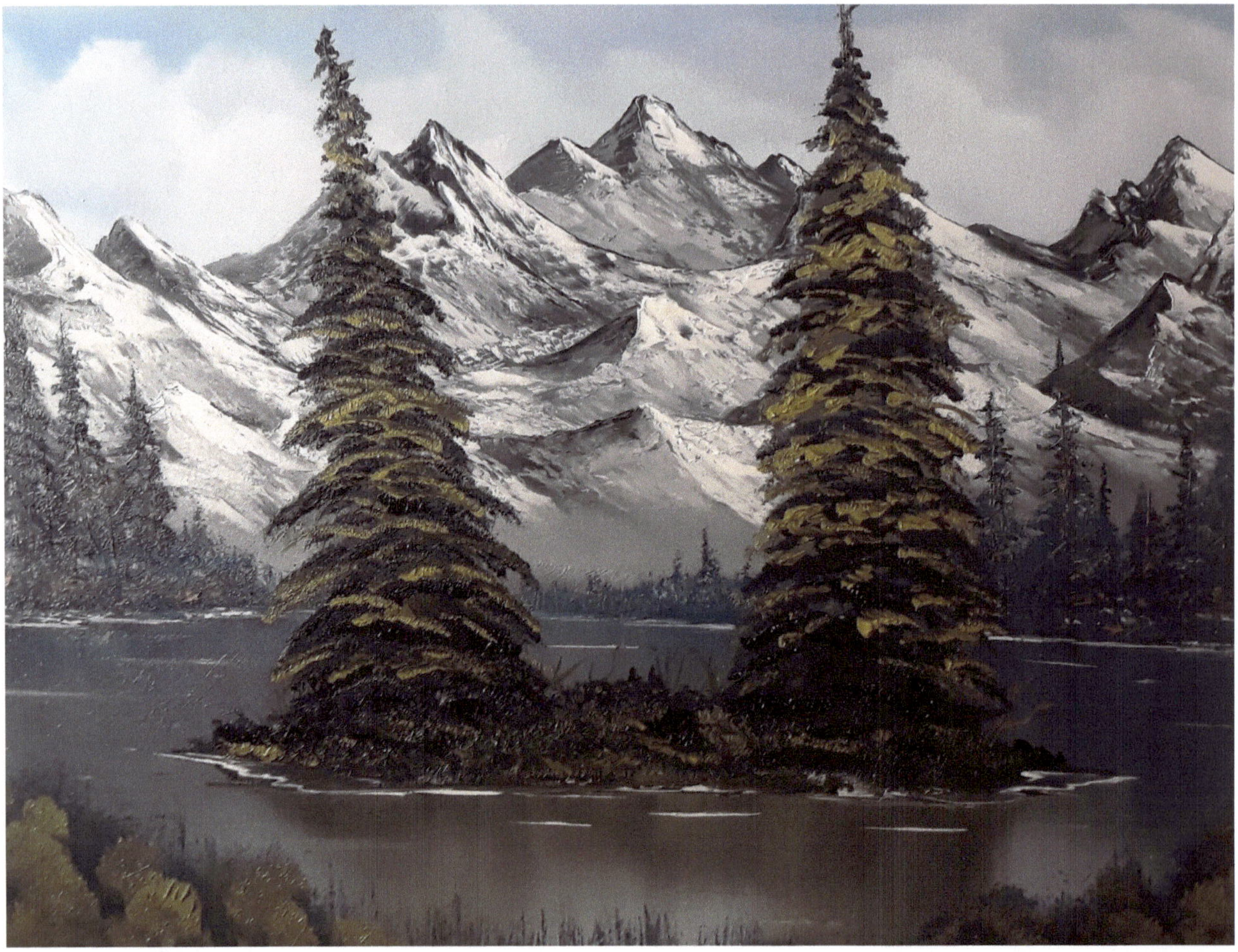

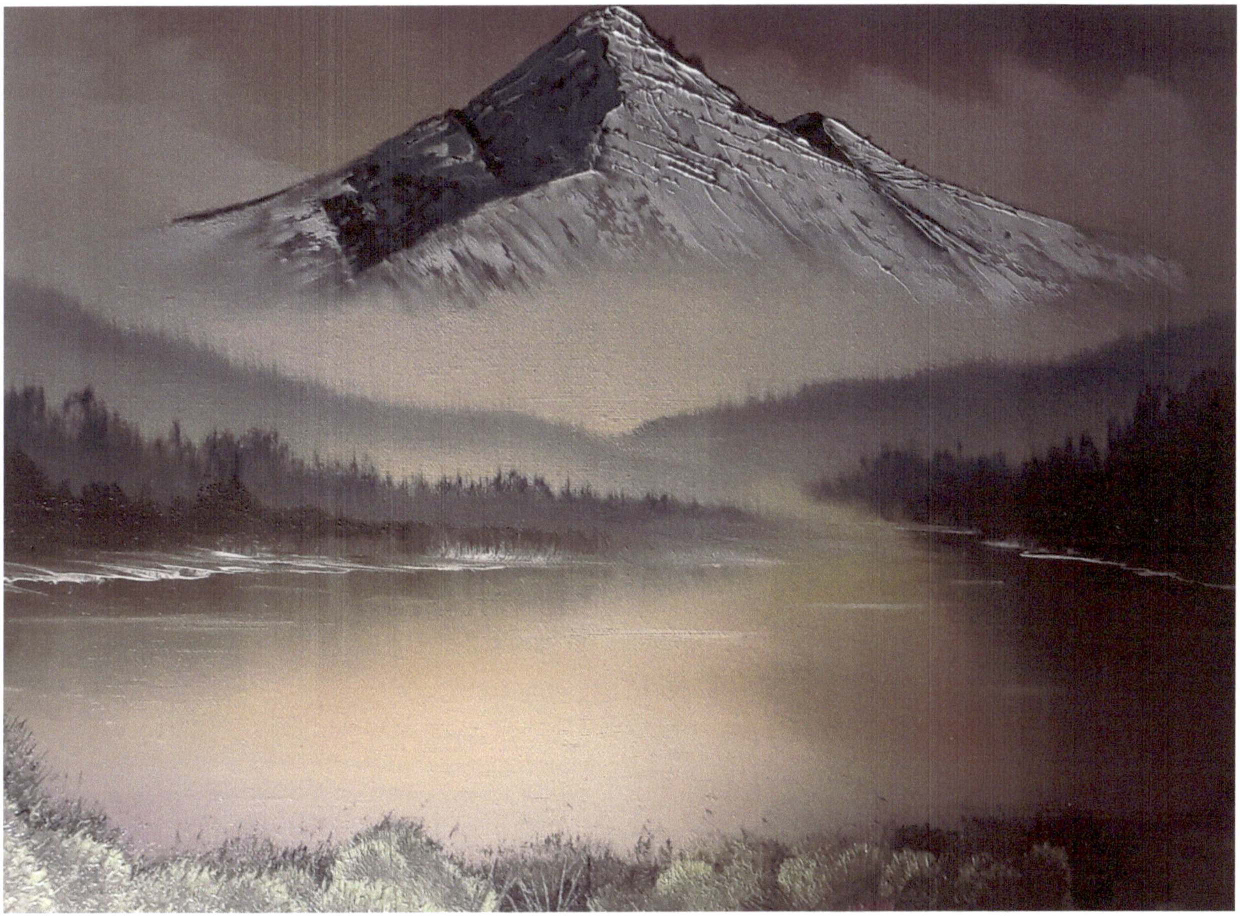

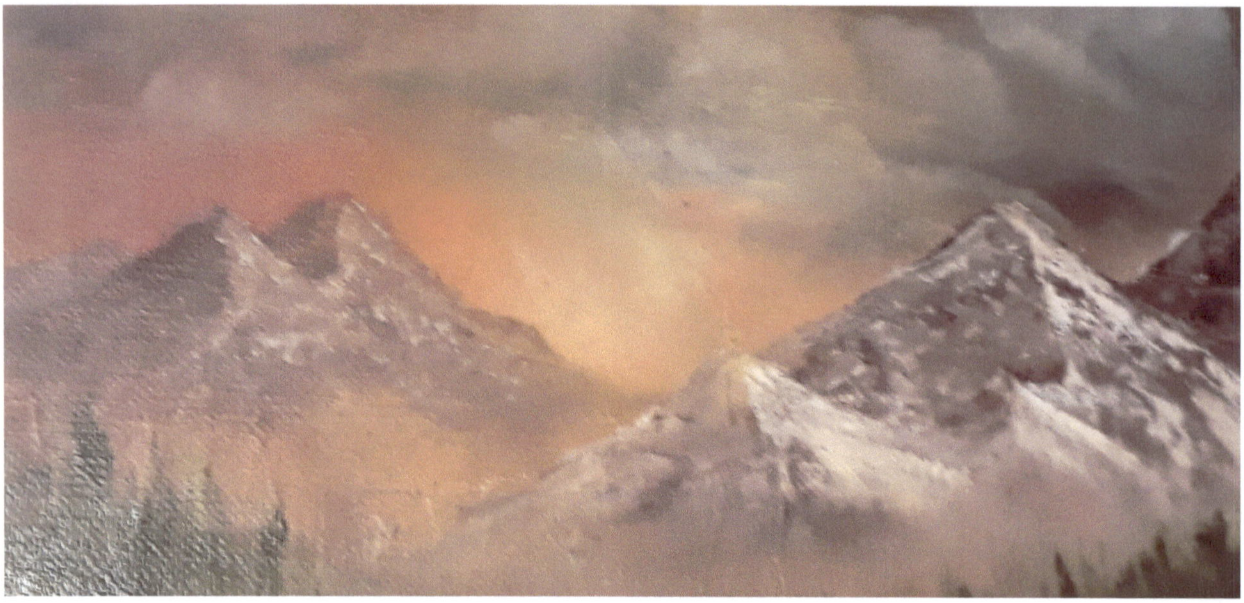

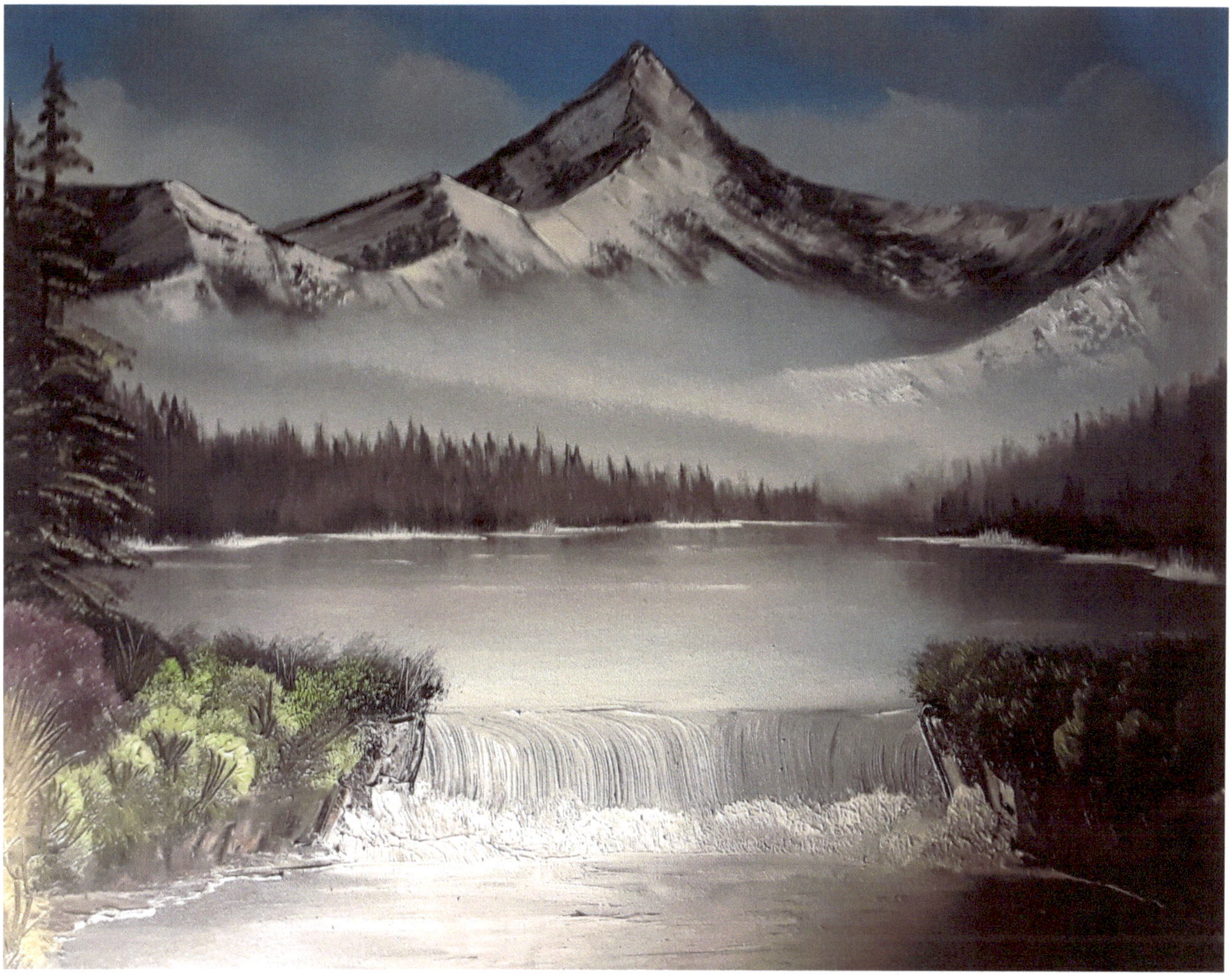

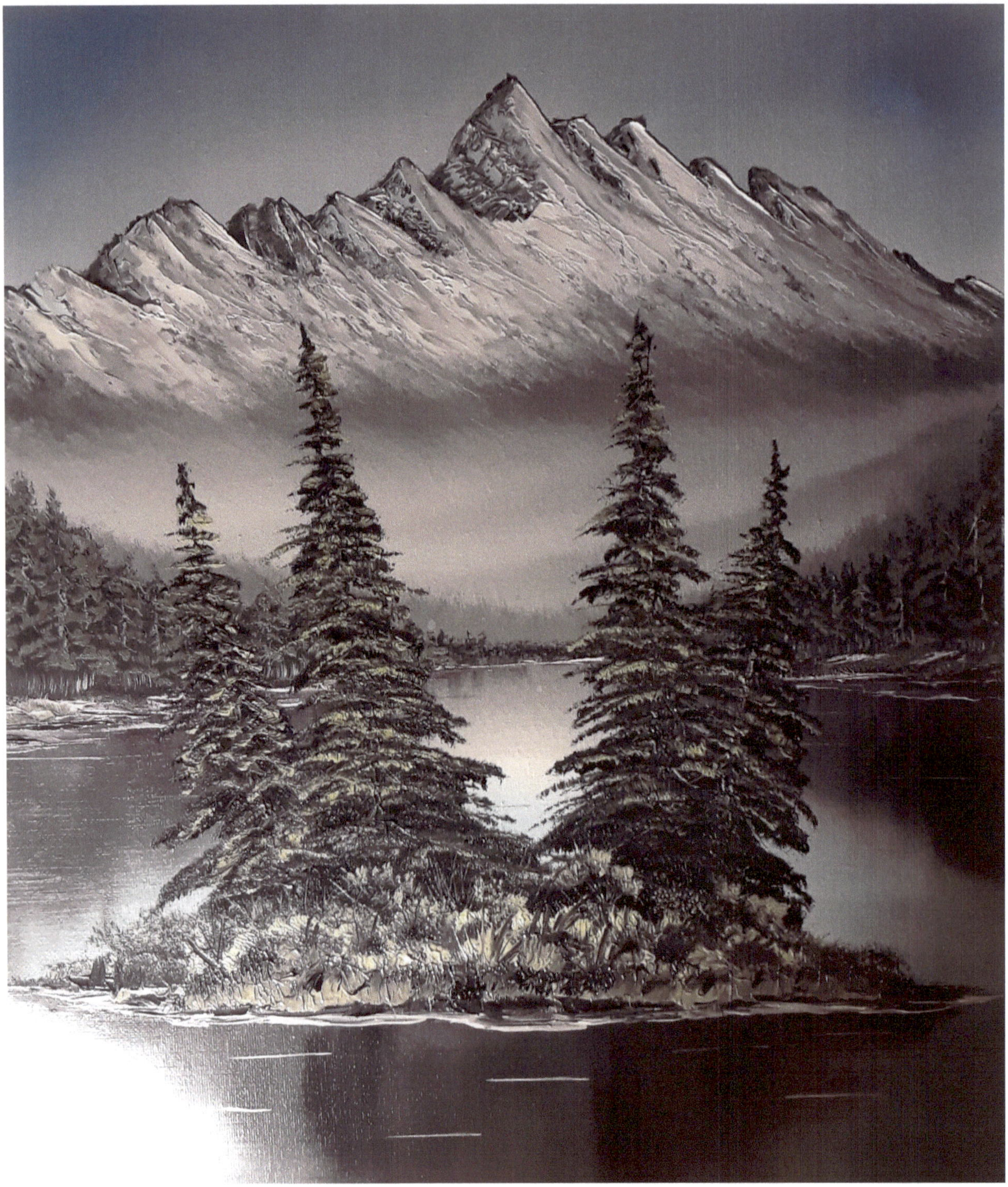

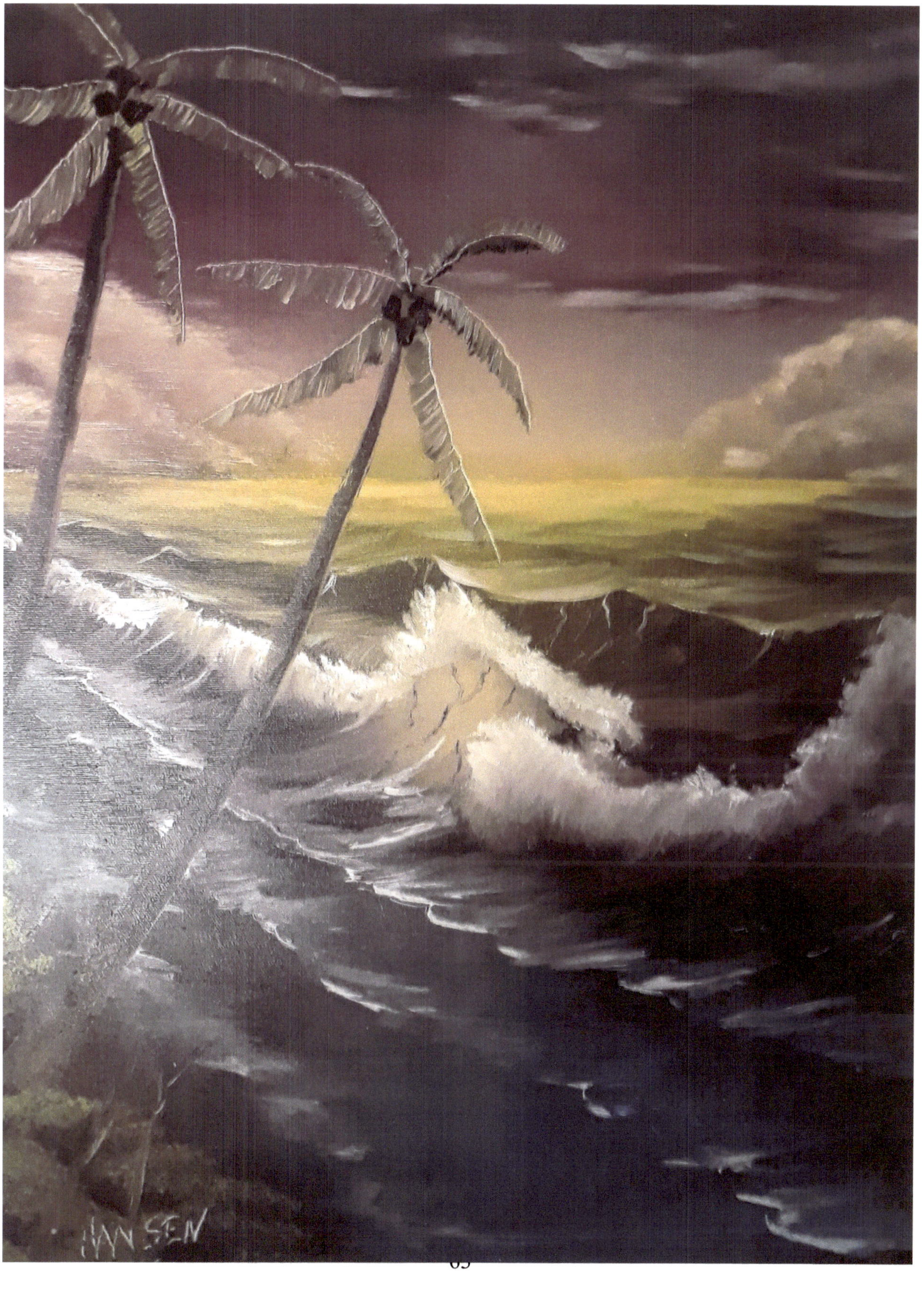
HANSEN

www.ingramcontent.com/pod-product-compliance
Lightning Source LLC
Chambersburg PA
CBHW051208220526
45473CB00003B/946
* 9 7 9 8 6 4 3 3 3 3 1 3 5 *